大学生创新创业教育的路径探索与实践研究

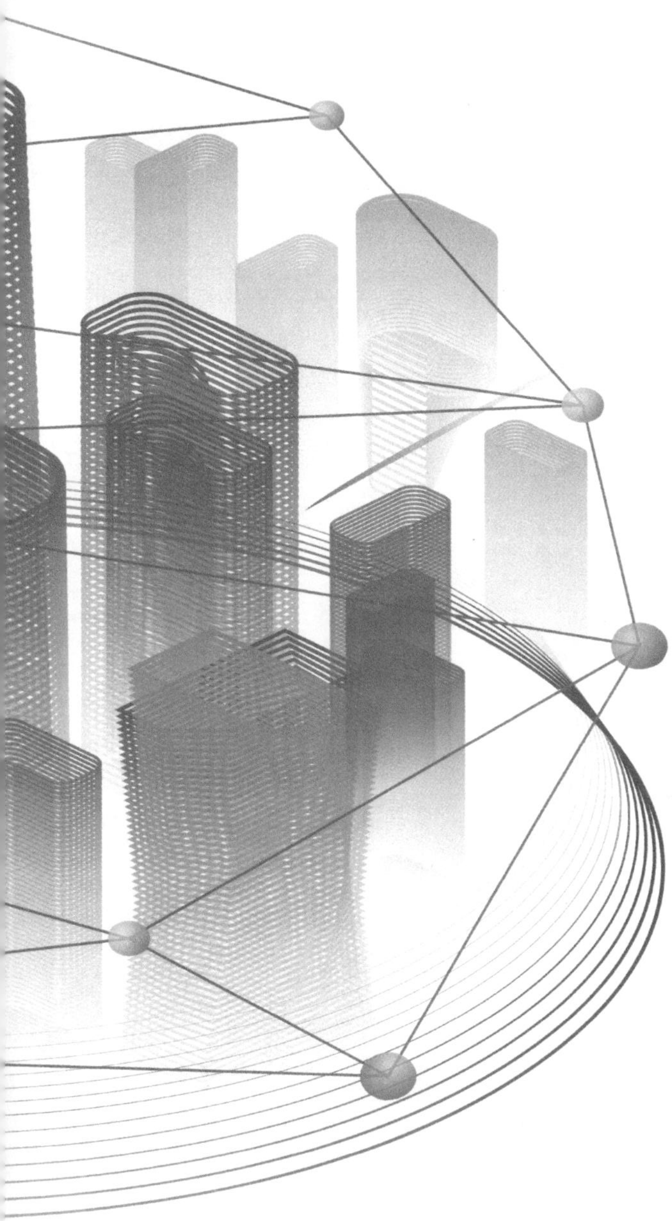

苗 雷◎著

中国商业出版社

图书在版编目（CIP）数据

大学生创新创业教育的路径探索与实践研究 / 苗雷著. -- 北京 : 中国商业出版社, 2025. 6. -- ISBN 978-7-5208-3478-0

Ⅰ. G647.38

中国国家版本馆 CIP 数据核字第 2025ZR7153 号

责任编辑：吴　倩

中国商业出版社出版发行

（www.zgsycb.com 100053 北京广安门内报国寺 1 号）

总编室：010-63180647　编辑室：010-83128926

发行部：010-83120835/8286

新华书店经销

河北领秀数字印刷有限公司印刷

*

787 毫米 ×1092 毫米　16 开　13.75 印张　240 千字

2025 年 6 月第 1 版　2025 年 6 月第 1 次印刷

定价：59.00元

* * * *

（如有印装质量问题可更换）

前　言

在全球化竞争日益激烈、科技飞速发展的时代背景下，创新已成为推动国家进步和社会发展的核心驱动力，而创业则是将创新成果转化为实际生产力与经济效益的关键途径。大学生作为社会中最具活力、创造力且拥有丰富的知识储备的群体，其创新创业能力不仅关乎个人的职业发展与人生价值的实现，而且对国家创新战略的落实以及经济结构的转型升级有着深远的战略意义。

传统的高等教育模式注重知识的传授与专业技能的训练，然而随着时代的变迁，这种模式已难以完全满足社会对创新型、复合型人才的需求。于是，大学生创新创业教育应运而生。它突破了传统教育的局限，致力于在高等教育体系中融入创新思维的启发、创业意识的培育以及实践能力的提升，从而使大学生在踏入社会之前就具备应对复杂多变的市场环境的综合素质。

近年来，我国政府高瞻远瞩，相继出台了一系列重要的政策文件，从宏观层面为大学生创新创业教育指明了方向，并提供了强大的政策支持与制度保障。全社会都深刻认识到大学生创新创业教育对于推动创新驱动发展战略实施的重要性，各高校积极响应号召，纷纷投身于大学生创新创业教育的改革浪潮之中，在课程体系建设、师资队伍培养、实践平台搭建等方面进行了大胆的探索与创新实践。然而，大学生创新创业教育在蓬勃发展的过程中也不可避免地暴露出诸多问题。第一，大学生创新创业教育与专业教育的融合不够深入，大学生创新创业教育往往被视为一种独立于专业教育之外的附加模块，两者之间缺乏有机的内在联系与协同互动机制，导致大学生在学习过程中难以对创新创业知识与专业技能进行有效整合，无法形成系统性的知识架构和思维方式，无法在实际的创新创业实践中充分发挥自身的专业优势。第二，部分高校的大学生创新创业课程设置较为零散，缺乏明确的课程目标定位和层次分明的教学内容设计，而且教学方法相对单一，难以满足不同大学生的个性化需求和多样化学习风格。第三，“双师型”教师数量相对不足，部分教师在教学过程中仍主要依赖传统的理论讲授方式，缺乏对大学生实践能力和创新思维的有效引导与启发。第四，虽然各高校在大学生创新创业实践平台搭建方面投入了大量资源，但在实际运行过程中，仍存在实践基地功能单一、与企业合作不够紧密、资源共享程度较低等问题。许多高校的创新创业孵化基地在为大学生提供项目孵化服务时，往往缺乏有效的市场对接机制和专业的辅导团队，导致大学生创新创业项目在孵化过程中难以获得足够的资金支持、技术指导和市场推广渠道，成功率相对较低。

本书是基于对以上问题的深入思考与探索展开研究的。通过广泛的文献调研、深入的案例分析以及对多所高校大学生创新创业教育实践的实地考察，本书力图全面梳理大学生创新创业教育的现状、存在的问题与未来发展趋势。本书将对大学生创新创业教育的运行机制、教育体系、实践育人平台这几个维度进行系统分析，同时提出大学生创新创业教育实践的多元化实施途径以及多维发展路径。希望本书能够为广大教育工作者、高校管理者以及关注大学生创新创业教育的各界人士提供有益的参考与借鉴，推动我国大学生创新创业教育迈向新的高度，为培养更多适应时代需求的创新创业人才贡献力量，为我国在全球竞争的浪潮中占据更为有利的地位提供助力，促使我国实现经济的可持续发展与社会的全面进步。

本书的撰写参考了一些专家学者的研究资料和成果，笔者在这里对他们表示诚挚的谢意。由于时间和水平有限，本书有许多不足之处，敬请广大读者批评指正。

苗　雷

2024年11月

目 录

第一章　大学生创新创业教育的基本理论

在充满机遇与挑战的时代背景下，大学生创新创业教育已成为高等教育领域中备受瞩目的焦点。随着全球经济格局的深度调整和科技的迅猛发展，传统经济发展模式正经历着深刻变革，创新创业已逐渐成为推动社会进步与经济增长的核心动力。大学生作为社会中最具活力与创造力的群体，被寄予了通过创新创业开辟新途径、塑造新未来的厚望。大学生创新创业教育不仅旨在培育大学生的创业技能与商业智慧，而且旨在激发大学生的创新思维、问题解决能力以及敢于突破常规的勇气。它犹如一盏明灯，为大学生在迷雾般的未来职业发展中照亮前行的方向，引导大学生在激烈的市场竞争中崭露头角，为社会创造价值，从而在实现自我的征程中留下浓墨重彩的一笔，开启个人与社会共同发展的崭新篇章。

第一节　大学生创新创业教育的内涵与目标

一、大学生创新创业教育的内涵

大学生创新创业教育的概念在20世纪80年代末传入我国。1989年11月，联合国教科文组织在北京召开“面向21世纪教育国际研讨会”。在会上，世界经济合作与发展组织的专家提出，大学生创新创业教育是使大学生具备从事创新创业实践活动所必需的知识、能力以及心理品质的教育。1991年1月，联合国教科文组织亚太地区办事处在东京召开“提高青少年创新创业能力的教育联合革新项目”中期研讨会，对大学生创新创业教育的概念做出了广义和狭义的区分。从广义的角度理解，大学生创新创业教育是指培养具有开创性的人才的教育。从狭义的角度理解，大学生创新创业教育是与增收培训的概念紧密结合在一起的。增收培训是指为培养对象，特别是为贫困的培训对象提供其急需的技能、技巧和资源，使他们能够自食其力摆脱贫困。

美国考夫曼企业家精神研究中心认为，大学生创新创业教育是一个过程，它能够给大学生提供创新创业所必需的观念和技能，使大学生能够识别那些可能被别人忽视的机会，能够在别人犹豫不决时有足够的洞察力与自信心付诸行动。美国百森商学院的蒂蒙斯（Timmons）则将大学生创新创业教育理解为为大学生“设定创新创业遗传代码”，即大学生创新创业教育不是企业家速成式教育，而是面向未来，将创新创业意识、创新创业能力和创新创业个性等特质传授给大学生的教育。

对于大学生创新创业教育的内涵，我国学者的代表性观点有：①大学生创新创业教育是将创造和职业相结合的教育。②大学生创新创业教育是激发大学生的潜能，使大学生善于发现和把握通往成功的潜在机遇，开发和增强大学生的创新创业基础素质，培养大学生开创性的个性特征的教育。③大学生创新创业教育是以开发和提高大学生的创新创业基本素质，培养具有开创性的社会主义建设者和接班人的教育；是在普通教育和职业教育基础上，采取渗透和结合的方式实施的具有独立的教育体系、功能和地位的教育。

从以上观点可以得出以下三条结论。

第一，大学生创新创业教育是一种教育系统，具有比较完整的教育理念、教育方式和教育内容，是一种反映大学生创新创业教育特点和总体面貌的系统，集中体现了大学生创新创业教育的主要因素、基本结构以及项目关系。①

第二，大学生创新创业教育是一种教育理论。大学生创新创业是一个全新、完整的教育研究领域，能够为教育理论研究提供新视角。大学生创新创业

① 张云华.创新创业基础[M].上海：上海交通大学出版社，2019：12.

教育是教育主动适应经济社会发展的体现，其教育理论的价值和研究意义是可以得到充分认可和重视的。

第三，大学生创新创业教育是一项教育活动。大学生创新创业教育是揭示创新创业的一般规律，传递创新创业的基本原理与方法，培养大学生创新创业精神、创新创业品质和创新创业能力的教育活动。从培养创新创业精神的层面来讲，大学生创新创业教育的基本思想就是要以培养大学生的创新创业精神、创新创业意识、创新创业思维为价值取向，尊重和发展大学生的个性，是一种主体性、超越式的教育。从培养创新创业品质的层面来讲，创新创业与大学生自身的性格和品行有很大关系，企业家特质的形成既受到遗传因素的影响，又受到后天的学习和训练的影响。从培养创新创业能力的层面来讲，大学生创新创业教育能够培养出敢于并善于把握时机、创造价值、驾驭创新创业过程并获得创新创业效益的创新创业人才，是注重能力训练的非学历教育。

综上所述，大学生创新创业教育是一种以培养大学生的创新创业精神、创新创业意识和创新创业能力为基本目标的教育实践活动。从理念层面来讲，大学生创新创业教育强调突破传统教育中以知识传授和应试为主要导向的模式，它鼓励大学生积极思考、质疑现有观念，能够激发大学生的好奇心和求知欲，让大学生主动去探索新知识、新技术和新方法。这种理念注重培养大学生的创新创业思维，使大学生能够从不同的角度观察问题，提出新颖的解决方案。在实践活动方面，大学生创新创业包含系统的课程设置。例如，开设创新创业基础课程，向大学生介绍创新创业的基本步骤、市场调研方法、商业模式的类型等知识。同时，大学生创新创业教育还包括创新创业实践课程，如创新创业计划书的撰写、创新创业模拟竞赛、企业孵化项目等，能够让大学生在实际操作中积累创新创业经验。[①]大学生创新创业教育还涉及搭建支持平台，包括提供创新创业资金支持，如设立创新创业基金等；提供创新创业导师指导，包括企业家、投资人或者专业学者的指导，他们能够在创新创业方向、项目运营等方面给予大学生宝贵的意见；提供创新创业场地，如创新创业园、众创空间等，为大学生开展创新创业活动提供物理空间。其最终目的是使大学生具备在创新

① 王克.高校创新创业探究[M].北京：北京时代华文书局，2021：15.

的基础上进行创业的综合素质，以适应现代社会经济发展对创新创业人才的需求。

二、大学生创新创业教育的目标

大学生创新创业教育的目标是大学生创新创业教育的基本性质、内部规律的外在体现。因此，对其进行研究是非常有必要的。

（一）大学生创新创业教育目标的主要特征

大学生创新创业教育的目标是根据社会的发展需要和人的发展需要综合确定的大学生创新创业教育最终产品的规格和要求，是大学生创新创业教育课程设计与评价的基本依据和中心，是大学生创新创业教育选择教育内容、确定教育方法、组合教育措施的出发点和归宿点。具体来说，大学生创新创业教育目标主要有以下几个特征。

1. 时代性

作为时代的产物，大学生创新创业教育具有鲜明的时代性特征，具体表现在以下几个方面。

（1）时代的整体性

当前，大学生正处在一个整体的时代。随着全球联系的日益紧密，各国的政治、经济、文化、生存方式等也相互交融。在此背景下，大学生创新创业教育强调要培养大学生的社会责任感、社会义务感和社会道德感，以适应整体的时代。

（2）时代的开放性

当前，大学生正处在一个开放的时代，世界各国纷纷加强对外交流，在工业产品、科学技术、生活方式、思想观念、伦理规范、文化传统等方面相互影响、相互融合。在此背景下，大学生创新创业教育强调要培养大学生外向、合作、敢作敢为等个性心理品质，以适应开放的时代。

（3）时代的竞争性

当前，大学生正处在一个竞争的时代。竞争是一种实力和智慧的较量，它无处不在。不管是国与国之间、地方与地方之间，还是群体与群体之间、个体与个体之间都存在竞争。但是，其本质都是人与人之间的竞争，是人的综合素质的竞争。在此背景下，大学生创新创业教育强调要让大学生掌握经营管理知识、综合性知识，提高大学生的经营管理能力和综合性能力，使大学生形成良好的个性心理品质，提升自身竞争能力，从而成为这个时代强有力的竞争者。

（4）时代的变化性

当前，大学生正处在一个迅速变化的时代。市场需求瞬息万变，就业岗位不断转换，这种变化带来的生存危机要求大学生必须具备多方面的能力和本领，具有自立性、独立性、适应性，能够随机应变迎接挑战。在此背景下，大学生创新创业教育强调要让大学生拥有主动学习的态度和习惯，获得综合性知识结构和能力，从而提高自身的整体素质，形成良好的创新创业品质，具有更高的应变能力，能够主动应对社会的急剧变化。

（5）时代的创新性

当前，大学生正处在一个创新的时代。竞争要求人们不能因循守旧、墨守成规，而应该勇于开拓创新。在此背景下，大学生创新创业教育强调要培养大学生的开创型个性，使大学生既能够承担传承文化的重任，又能够担负创造文化的职责，成为能够适应现代社会、推动社会发展变革的优秀公民。

2. 综合性

时代的整体性、开放性、竞争性、变化性、创新性要求人的素质在总体上具有综合性。因此，大学生创新创业教育目标又具有综合性。这不仅是其时代性的体现，而且是其时代性的进一步延伸。

当前，社会需要的是“通才＋专才”，需要的是复合型人才和创造型人才，因此，世界性教育改革的潮流是培养综合性人才，全面提高人的整体素质。为了顺应世界性教育改革的潮流，大学生创新创业教育目标表现出了较强的综合性，具体体现在以下几个方面。

第一，大学生创新创业基本素质结构具有很强的综合性。这一结构是由多个方面的因素综合构建起来的，不仅包括学习知识，也包括提高智力、能力，还包括形成个性心理品质，更包括发展动机、理想、兴趣、需要、信念、世界观等个性意识倾向，体现出综合性的特征。

第二，大学生创新创业基本素质结构主要有四大系统，即创新创业意识系统、创新创业个性心理品质系统、创新创业能力系统和创新创业社会知识结构系统，每个系统都是由多方面因素综合构建起来的，都具有较强的综合性。此外，每个系统都与整体结构相对应，体现了大学生创新创业基本素质结构各子系统在整体上的综合性。

第三，大学生创新创业教育的目标与基础教育、普通高等教育、职业教育不同，它强调的是培养综合性的知识结构和能力，其主要的教育任务和重点目标是形成收集、处理和运用信息的能力，形成发现、把握、利用以及创造机会的能力，形成发现、分析、处理以及解决问题的能力等一系列综合性能力。

3. 实践性

大学生创新创业教育的目标具有实践性，这既是其综合性的要求，又是其综合性的延伸与扩展，两者是紧密联系、相辅相成的。这是因为大学生创新创业教育目标的综合性要求包含在各类社会实践活动中对各种知识和能力进行综合运用，以顺利解决实践中遇到的各种综合性问题。具体来说，大学生创新创业教育培养目标的实践性主要表现在以下几个方面。

第一，强调培养大学生在社会实践活动中进行交往、公关以及从事社会事务和社会活动等社会行动能力。

第二，强调培养大学生的动手操作能力，要求大学生不仅要能动脑，而且要能动手，做到手脑并用。

第三，重视培养大学生的社会参与意识，让大学生能理解作为社会成员和公民的社会道德感、义务感和责任感，并予以实践，形成积极参与社区事务和社会活动的精神。

第四，重视培养大学生处理各类社会问题的经验、技能、技巧，使大学生获得生存、发展的基本手段和方式，能够游刃有余地应对各类影响自身生存和发展的现实挑战，从而更好地从事社会实践活动，更好地应对各种变化和挑战。

第五，重视培养大学生的社会行为规范，使其能够自觉遵守和维护社会秩序，以更务实、更实际的态度生活和学习，促进社会和谐稳定地发展。

第六，重视培养大学生的社会批判能力和具有创造性的社会实践能力，重视培养大学生的社会变革意识，使大学生成为推动社会发展和进步的积极力量。

4. 多层性

大学生创新创业教育的目标具有结构层次上的多样性：一级目标，即大学生创新创业教育的总体目标；二级目标，即各领域的总体目标；三级目标，即课程目标；四级目标，即学科目标；五级目标，即单元目标；六级目标，即课时目标。

大学生创新创业教育的这六层目标是可以依次转化的，总体目标可以转化为各领域的总体目标，各领域的总体目标可以转化为课程目标，课程目标可以转化为学科目标，学科目标可以转化为单元目标，单元目标可以转化为课时目标。这样一层层转化，不仅提供了目标设计的规定和准则，而且使得总体目标能够转化为可操作、可把握、可观察的具体教学目标。也正是因为大学生创新创业教育目标的这种多层性及其纵向的垂直序列和横向的水平序列，才使得大学生创新创业教育目标能够符合不同年龄段以及不同专业领域的大学生。

（二）大学生创新创业教育目标的设计原则

要将大学生创新创业教育目标付诸实践，必须先设计目标，这是大学生创新创业教育具体实施的前提和基础。大学生创新创业教育目标的设计过程，实际上就是其具体化和体系化的过程，即通过总体目标在纵向和横向两个方面的逐层分解，形成可操作、可观察的目标体系。其设计是否科学、合理、规范，对它能否顺利达成有着直接的影响。因此，在设计大学生创新创业教育的目标时，要遵循以下原则。

1. 构建大学生创新创业教育目标的整体框架

构建大学生创新创业教育目标的整体框架应该以创新创业基本素质的主要内容和大学生创新创业教育总体目标的要求为依据，完整而全面地体现大学生创新创业教育总体目标的规定和要求，在整个框架内体现出对开创型个性的培养。[①]具体来说，构建大学生创新创业教育目标的整体框架可以从以下几个方面入手。

（1）以创新创业基本素质的主要内容为依据，确立整体观念

创新创业素质有四大内容，即创新创业意识、创新创业个性心理品质、创新创业能力、创新创业社会知识结构。在构建大学生创新创业教育目标的整体框架时，要确定整体的观念，将创新创业素质的四大内容都完全容纳其中。但要注意的是，在构建整体框架时，切记不要将大学生创新创业教育与普通高等教育和职业教育混为一谈，也不要将大学生创新创业教育与培养实业家和企业家混为一谈，否则不是狭隘化大学生创新创业教育目标，就是过分拔高大学生创新创业教育，导致无法体现大学生创新创业教育目标的特定要求和规格。

（2）以大学生创新创业教育总体目标的要求为依据，明确重点和主线

在以大学生创新创业教育总体目标的要求为依据构建大学生创新创业教育目标的整体框架时，应重点从以下几个方面入手。

首先，要从激发创新创业需要入手，使大学生形成以兴趣和理想为主的包括动机、需要、信念、世界观等在内的以个性意识倾向为主线的由低到高的序列，从而培养大学生的个体意识，重点培养大学生的社会意识。

其次，要注意重点培养大学生的意志和情感，使大学生具备独立性、合作性、敢为性、外向性、坚持性、适应性等个性品质。

再次，要注意培养大学生的专业职业能力、经营管理能力以及综合性能力。

最后，要注意向大学生传授经营管理知识、专业职业知识和综合性知识。

2. 确定大学生创新创业教育目标的结构方式和下位目标

在设计大学生创新创业教育目标时，要以职业教育、普通高等教育各领域的特征、性质以及任务为依据，确定大学生创新创业目标的结构方式和下位目标，具体来说应从以下几个方面入手。

首先，各领域的特征、性质以及任务都是不同的，因此大学生创新创业教

---

① 张翌，程国秀，陈明月.新时代大学生创新创业教育工作研究[M].北京：现代出版社、中国出版集团，2022：45.

育目标的结构方式一定要结合本领域的特征、性质以及任务来确定。例如，职业教育的主要目标是培养大学生的职业技能，因此在该领域实施大学生创新创业教育，要重点培养大学生的创新创业能力。

其次，确定大学生创新创业教育目标体系的下位目标要以各教育领域的特征、性质以及任务为依据。例如，在普通高等教育领域，应以专业能力、职业能力、经营管理能力、综合性能力为描述创新创业能力的四项下位目标。

3. 确定大学生创新创业教育目标的程度水平和具体要求

设计大学生创新创业教育目标时，要根据大学生的特点和具体情况，来确定其程度水平和具体要求。不同领域中的大学生有着不同的特点，同一领域中的大学生也存在年龄、性格、知识、个性、背景、经验、地位等的不同，因此大学生创新创业教育目标的程度水平和具体要求要能够在统一要求中体现变动性和灵活性，确保每一级指标都有一个最低的、人人可以达到的下限指标，然后依次设有二级至三级程度水平，以满足大学生的不同需求；同时，大学生创新创业教育目标的设计要有一定的灵活性，使大学生创新创业教育目标能够根据社会、政治、经济、形势的变化及时调整，能够根据大学生的需求和希望灵活变化，以适应大学生的学习和发展。[①]

（三）大学生创新创业教育目标的分解

大学生创新创业教育目标的分解，实际上就是大学生创新创业教育总体目标的具体化过程。

1. 大学生创新创业教育的总体目标

大学生创新创业教育的总体目标是培养大学生的创新创业基本素质和开创型个性。它是设置大学生创新创业教育各领域总体目标的依据。

2. 各领域的总体目标

相对于大学生创新创业教育的总体目标而言，大学生创新创业教育各领域的总体目标就是分目标或亚类目标。

具体来说，大学生创新创业教育在各领域的总体目标主要包括以下内容。

① 刘海滨，孙洁珺.创新创业教育实证研究[M].长春：吉林人民出版社，2016：38.

（1）职业教育领域的总体目标

大学生创新创业教育在职业教育领域的总体目标主要有以下几点。

第一，培养大学生的创新创业意识及其心理品质。

第二，培养大学生的专业基础知识和专业技能。

第三，培养大学生高层次的，尤其是综合性的创新创业知识和能力。

第四，培养大学生的开创型个性和稳固而全面的创新创业基本素质。

第五，培养大学生的社会适应性以及广泛的竞争能力。

（2）普通高等教育领域的总体目标

大学生创新创业教育在普通高等教育领域的总体目标主要有以下几点。

第一，培养大学生的开创型个性。

第二，培养大学生自我创新创业的能力和本领。

第三，培养大学生的创新创业基本素质，使其能够开创新的生活。

3. 课程目标

将大学生创新创业教育在各领域的总体目标进一步具体化，就形成了大学生创新创业教育的课程目标。以大学生创新创业教育课程框架为依据，可以将大学生创新创业教育的课程目标分为四大类，具体如下。

（1）学科课程的目标

第一，培养大学生的创新创业意识。

第二，向大学生传授创新创业知识。

第三，让大学生具备创新创业能力及技能技巧。

（2）活动课程的目标

第一，通过校内外各种活动，拓宽大学生的视野，增强大学生的见闻，丰富大学生的体验。

第二，培养大学生创新创业的个性心理品质和能力。

第三，培养大学生综合性的知识结构和能力。

（3）环境课程的目标

第一，以各类制度化和非制度化、显性和隐性的环境因素及其综合作用，影响大学生的意识和心理。

第二，培养大学生创新创业的意识和个性心理品质中的某些因素。

（4）创新创业实践活动的目标

第一，以情境型、模拟型、实践型的综合性活动培养大学生的开创型个性。

第二，让大学生在广阔的时空和复杂的环境中形成创新创业基本素质。

需要强调的一点是，上述分类方法是在不考虑课程设置的具体情况之下进行的。

4. 学科目标

如果将大学生创新创业教育的课程目标再进一步具体化，就形成了大学生创新创业教育的学科目标。学科目标可以分为以下两类。

（1）学科渗透型的学科目标

学科渗透型的学科目标是渗透了大学生创新创业教育的学科的目标。例如，渗透了大学生创新创业教育的机械制造技术学科有其自身独特的大学生创新创业教育目标。

（2）专门设置的大学生创新创业教育课程的学科目标

专门设置的大学生创新创业教育课程主要有创新创业知识课、创新创业意识课、职业指导课、专业技能课和生活指导课，每一门课程都有自己的学科目标，具体如下。

①创新创业知识课的学科目标。

第一，让大学生对创新创业的基本知识有初步的了解和掌握。

第二，让大学生重点了解经营管理和公共关系的主要内容。

第三，鼓励大学生将所学知识应用到实际生活中。

②创新创业意识课的学科目标。

第一，培养大学生的创新创业意识。

第二，促使大学生产生改变个人和国家现状的需要和愿望。

第三，激发大学生的创新创业动机、兴趣以及职业选择意向。

第四，帮助大学生做好较充分的走进社会、主动择业的思想准备。

③职业指导课。

第一，帮助大学生树立正确的职业观，使大学生能够对职业流动和变化产生正确的认识。

第二，让大学生学会正确选择职业。

第三，培养大学生的职业竞争意识。

第四，培养大学生的职业道德感、事业心。

④专业技能课。

第一，让大学生掌握一门实用技能技巧，能够顺利解决生产实际中遇到的问题。

第二，帮助大学生了解当地生产经营的特色项目。

⑤生活指导课。

第一，培养大学生正确的消费观念和行为。

第二，让大学生懂得人生、生活的价值和意义。

第三，提高大学生适应社会生活的能力以及独立生活、生存的能力。

第四，帮助大学生学会妥善安排闲暇时间，过积极向上的生活。

5. 单元目标

如果将大学生创新创业教育的学科目标再进一步具体化，就形成了大学生创新创业教育的单元目标。单元目标既是课时目标的阶段总目标，又是学科目标、课程目标的最小单位。

6. 课时目标

如果将大学生创新创业教育的单元目标再进一步具体化，就形成了大学生创新创业教育的课时目标。课时目标是大学生创新创业教育目标的底层目标，即一个课时的具体目标。

第二节　大学生创新创业教育的学科本质

在充满机遇与挑战的时代，创新驱动发展已经成为全球共识，创新创业活动蓬勃兴起。因此，大学生作为社会未来发展的中坚力量，其创新创业能力的培养备受关注。大学生创新创业教育犹如一盏明灯，指引着大学生在创新创业之路上探索前行的方向。大学生创新创业教育在本质上融合了多学科知识体系，以跨学科性为基石，强调实践性的磨砺、创新性的培育以及教育性的导向，旨在全面提升大学生的综合素质与核心竞争力，为其在新时代的浪潮中勇立潮头、开拓进取奠定坚实基础。

一、跨学科性

大学生创新创业教育本质上是一种跨学科的教育。它融合了管理学、经济学、心理学、教育学等多个学科的知识。

从管理学的角度来看，大学生需要学习企业管理的基本原理，包括组织架构、人力资源管理、财务管理等内容。例如，在创新创业计划书中，必须明确企业的组织形式是独资企业、合伙企业还是公司制企业，以及如何进行人员招聘和资金运作。

从经济学的角度来看，大学生要理解市场供求关系、成本—收益分析等知识。以市场供求为例，大学生需要分析所提供的产品或服务在市场中的需求情况，以及同类型产品或服务的供给状况，从而找到市场的空白点或者竞争优势。成本—收益分析能够帮助大学生判断项目的可行性，计算出需要投入多少成本，预期能获得多少收益。

在心理学方面，大学生的心理品质至关重要。它涉及创新创业意识的激发、风险承受能力和挫折应对能力的提升等。比如，大学生在面对创新创业过程中的各种困难和挫折时，需要有坚忍不拔的意志和积极乐观的心态。

从教育学的角度来看，教育学原理可用于指导教学方法和学习过程。大学生创新创业教育需要采用合适的教学方法，如案例教学、项目驱动教学等，让大学生在实践中学习。例如，通过分析成功和失败的创业案例，大学生可以吸取经验教训，并且可以在项目驱动教学中，实际开展创新创业项目的策划和实施，提高自己的创新创业能力。

二、实践性

大学生创新创业教育的核心学科本质是实践性。大学生创新创业教育强调理论与实践紧密结合。大学生在课堂上学习的理论知识需要通过实践活动来巩固和应用。比如，高校可以组织创新创业大赛，大学生需要进行撰写创新创业计划书、开展市场调研、展示产品或服务等一系列活动。这些活动能够让大学生将所学的市场营销、财务管理等理论知识应用到实际的创新创业场景中。[①]

创新创业实践基地是重要的实践平台。大学生可以在实践基地中模拟企业运营，体验从产品研发、生产到销售的全过程。例如，一些高校的创新创业实践基地设有产品研发实验室、生产车间和销售展示厅等区域。大学生可以在这里开发新的产品或服务，制订生产计划，并且直接面向市场进行销售，真实地感受创新创业的各个环节。

校企合作项目更是为大学生提供了接触实际商业环境的机会。企业可以为大学生提供真实的商业项目，让大学生在企业导师的指导下完成项目。这样大学生能够了解企业的实际需求和商业运作模式，同时也能积累实践经验，为未来的创新创业活动打下坚实的基础。

三、创新性

大学生创新创业教育注重培养大学生的创新创业思维及其能力。创新创业思维是一种能够突破传统思维模式，产生新颖、独特想法的思维方式。在教学过程中，教师会通过各种创新创业思维训练方法来激发学生的创造力。例如，头脑风暴法是一种常用的方法，教师给定一个主题，让大学生在短时间内自由地提出各种想法，从而激发大学生的创新创业思维。

创新创业能力不仅包括提出新想法，而且包括将新想法转化为实际产品或服务的能力。这就需要大学生具备一定的技术能力和资源整合能力。比如，大学生提出了一个新型智能硬件产品的创意，他们需要掌握相关的电子技术、软件开发技术等，将创意转化为实际的产品原型。同时，还需要整合各种资源，如寻找零部件供应商、生产制造商等，将产品推向市场，这体现了创新创业能力在实践中的重要性。

四、教育性

作为教育的一个分支，大学生创新创业教育具有明确的教育性。它的目的是培养具有创新创业精神和创新创业能力的高素质人才。在教学内容方面，它要传授创新创业的基本知识和技能，包括创新创业流程、商业模式设计、创新

① 潘浩.高校创新创业教育研究[M].天津：天津科学技术出版社，2023：2.

创业方法等内容。例如，商业模式画布是一种常用的教学工具，它涵盖了客户细分、价值主张、渠道通路等九个要素，能帮助大学生系统地设计商业模式，使大学生可以通过学习和运用这些工具掌握商业模式设计的基本方法。

在教学目标上，大学生创新创业教育要提高大学生的综合素质。除了专业知识和技能外，大学生创新创业教育还包括培养大学生的沟通能力、团队合作能力和领导能力等。例如，在创新创业项目中，团队成员需要相互沟通、分工协作，共同完成项目目标。同时，团队负责人需要具备一定的领导能力，能带领团队应对各种挑战。通过这些实践活动，大学生的综合素质能够得到有效提升。

第三节　开展大学生创新创业教育的必要性与可行性

大学生群体作为最具活力与创造力的知识群体，其创新创业潜力的挖掘和培养已成为时代发展的迫切需求。开展大学生创新创业教育，不仅是顺应社会进步、推动经济转型升级的关键举措，更是高校深化教育改革、培养全面发展人才的必然选择。从高校资源整合到社会环境支持，多方面的有利因素也彰显出大学生创新创业教育开展的可行性，这一教育路径将为大学生未来的持续创新注入强大动力。

一、开展大学生创新创业教育的必要性

（一）推进高校自身建设改革

近年来，在国家和社会的支持下，我国高等教育取得了优异的成绩，但面对国家创新型发展战略，如何启发大学生的思考，如何加快培养大学生的实践能力，如何改革现行的人才培养模式，对作为人才摇篮的高校提出了新的挑战。因此，高校自身的建设与改革无疑起着至关重要的作用。高等教育的前瞻性、实用性、系统性，直接关系高校能否为社会输送符合要求的人才。目前，

高等教育的结构和培养目标的调整相对滞后，高校应按照创新创业人才培养的要求，严格遵循教育教学规律，最大限度地体现高等教育的特点并适应时代发展的要求，实现从传统的“接受继承”教育转变为以“创新创业”为主的新型教育的重大转变。高校要通过深化教育体制改革，加快开展大学生创新创业教育的步伐，提高人才培养水平，使之不落后于我国经济发展对人才的需求。大学生创新创业教育是高校积极应对经济发展要求的表现，是高校在市场经济条件下培养高素质创新创业人才的必然选择。

高校承担着培养高素质技术、技能型人才的重任。随着我国经济的腾飞，创新创业人才的缺乏会逐渐成为影响我国经济进一步快速健康发展的瓶颈。大学生创新创业教育是全社会的事情，更是高校义不容辞的责任。这一现状对于我国高等教育的改革和发展而言，既是挑战，也是机遇。

高校的基本功能是教学、科研和服务社会，根本任务是培养人才。然而，长期以来大学生适应社会的能力不强，创新型、实用型、复合型人才紧缺，这也是我国高等教育所面临的严峻现实问题。当今世界各国都已充分认识到高校在创新型国家建设中发挥着提供人才和智力支持的重要作用，从而把高校纳入国家创新体系，大力推进大学生创新创业教育。大学生创新创业教育的理论体系建立在众多学科的交叉点上，是一门新型的综合性应用学科。众多学科的相互渗透，为大学生创新创业教育奠定了极其坚实的理论基础。创新创业教育作为培养大学生创新创业精神、提高创新创业能力的主要途径，正在随着国家教育战略主题的进一步明确发展而得到加强。高校不仅是传播知识、培养人才、发展科学技术的场所，也是哺育知识型企业的重要依托。所以，高校必须不辱使命，顺应时代要求，深化改革，大力推进大学生创新创业教育的开展。

（二）培养创新创业人才

适应市场经济发展需要、建设创新型国家、培养高素质创新创业人才，是社会赋予大学生创新创业教育的历史重任。知识经济时代的发展使创新创业人才成为高校人才培养的目标，而大学生创新创业教育是培养并造就大批创新创业人才的必然选择。以知识、信息和能力为主要支撑的知识经济，为大学生创新创业提供了现实可能性，同时也对大学生各方面的能力提出了更高的要求。

自进入知识经济时代以来，创新创业就一直是知识经济发展的核心动力，也是提高国家综合国力的重要武器。在知识经济时代，各经济主体竞争的焦点不仅在于资金、技术等传统资源，而且在于以人力资本为基础的创新创业能力。开展大学生创新创业教育，可以增强大学生的创新创业意识，提高大学生的社会实践能力和技巧，培养善于创新创业的新型人才，全面提高高等教育质量。建设创新型国家的关键是培养创新创业人才，切实有效的大学生创新创业教育不仅对经济的快速发展具有极强的推动作用，而且对于构建社会主义和谐社会也是必要之举。当前，创新创业精神在新创企业和已有企业中都被视为非常重要的竞争因素。

高等教育持续发展的重点是提高人才培养的质量，而提高人才培养质量的重点在于培养创新创业人才。所以，高校要在全面提高大学生素质的基础上实施大学生创新创业教育，重点培养大学生的创新创业精神和创新创业能力，为社会输送各种合格的创新创业人才。

（三）缓解就业压力实现自我

近年来，我国高校毕业生的人数剧增，就业压力加大，已成为全社会关注的焦点。对于这一问题，大学生、家长、高校和社会都需要保持清醒的头脑，正确认识并理性应对。为了让大学生能够顺利地走上工作岗位，党和政府除了制定“创业带动就业”的方针外，还出台了一系列支持和鼓励创新创业的政策措施。因此，大学生创新创业教育成为缓解当前就业压力成效较明显的途径，而且会越来越受到重视。在大学生创新创业教育的指导和服务下，一部分大学生将会成为创新创业者，不仅可以解决自己的就业问题，而且可以为社会其他人员提供更多的就业岗位，这对于缓解我国大学生就业压力而言具有非常重要的现实意义。

对创新创业的认知和践行是大学生综合素质教育的重要内容，是大学生全面发展，融入社会，正确评估自己，给自己合理定位，实现自我价值的基本要求。因此，大学生创新创业教育成为破解就业难局面的关键。鼓励大学生增强创新创业意识，使有发展潜力的大学生真正走上创新创业的道路，是大学生快速融入社会、服务社会的前提。大学生接受过高等教育，是最具创新创业潜力的精英群体，不仅是现有职位的占有者，更是未来职业的创造者。大学生创新创业教育不仅可以教会大学生如何适应社会生存、经济竞争，学到自主择业、自谋职业的方法和途径，而且可以提高大学生的创新创业精神和创新创业能力，使大学生成为高素质的创新创业人才，从而增强了自身发展能力，在创新创业过程中使自我价值得到实现，在现代化建设新征程中充分施展才华。

（四）适应世界高等教育发展潮流

从世界范围来看，大学生创新创业教育正受到各国政府的重视，这方面的研究和活动日益引起各界的关注。在世界大力发展大学生创新创业教育的大潮中，大学生表现出来的创新创业精神和创新创业能力的强大推动力已经崭露头角。大学生创新创业教育在西方发达国家起步较早，这些国家经验丰富，普遍将大学生创新创业教育纳入高校课程体系，并在大学生创新创业教育方面取得了令人瞩目的显著成效。以美国、英国为代表的西方发达国家开展的大学生创新创业教育方兴未艾，正逐步形成一个完整的社会体系和教学研究体系，并逐渐纳入国民教育体系。德国、法国等国的高校不但拥有优良稳定的大学生创新创业教育队伍，而且非常重视大学生的创新创业实践体验，并提供了大量的技术和资金支持。澳大利亚也是世界上较早开展大学生创新创业教育的国家，已经形成了一个相当完善的体系，并且形成了自己独特的模式。可以说，实施大学生创新创业教育已成为当今世界高等教育发展的重要组成部分和新的趋势。大学生创新创业教育在促进就业、发展经济、推动技术创新方面的作用更是不容小觑。

由于我国的大学生创新创业教育起步较晚，当前我国绝大多数高校并没有把大学生创新创业教育纳入高等教育体系，在大学生创新创业教育师资力量方面也没有给予充分的支持。大学生创新创业教育不仅是解决当前社会就业矛盾的突破点，而且是我国高校人才培养的基本要求，符合国家发展战略，适应我国经济和社会发展的需要。大力发展大学生创新创业教育现已引起国家的高度重视，颁布了多项促进和保障大学生创新创业教育的政策。所以，我国高校应该放心大胆地推动大学生创新创业教育的开展，借鉴其他国家在大学生创新创业教育方面的成功经验，取其精华，去其糟粕，使我国的高等教育发展能够适应国际高等教育发展的潮流。

二、开展大学生创新创业教育的可行性

（一）高校教育资源的有力支撑

1. 多元化的师资队伍

高校广泛汇聚了来自不同学术领域和行业背景的教师。他们中的一部分专注于学术研究前沿，能够将最新的理论成果和研究方法融入大学生创新创业教育课程，为大学生奠定坚实的知识基础。例如，在科技创业相关课程中，科研型教师可以深入浅出地讲解人工智能算法、生物技术创新原理等专业知识，启发大学生挖掘其中潜在的商业应用价值。另一部分教师则拥有丰富的企业实践履历，他们亲身经历过商业运营的各个环节，能够在课堂上生动地分享实际案例，传授企业战略规划、市场营销策略、财务管理技巧以及人力资源管理等实践经验。这些教师犹如一座桥梁，将理论与实践紧密相连；又如一座灯塔为大学生在创新创业的知识海洋中导航，助力他们构建全面且系统的创新创业知识与技能体系。

2. 丰富的课程与实践体系

当前我国高校已逐步构建起一套较为完整的大学生创新创业教育课程框架，涵盖了创业基础、创新思维训练、商业模式设计、企业运营管理等多门核心课程。这些课程从不同维度对创新创业所需的知识与技能进行了拆解与传授，能使大学生逐步建立起对创新创业过程的全面认知。与此同时，高校应积极拓展实践教学平台，充分利用校内的创新创业实践基地、实验室开展各类创新创业项目竞赛等活动。以创新创业实践基地为例，其配备了模拟商业环境的设施与资源，大学生能够在此进行企业注册、运营管理、市场营销等实战演练，亲身体验创新创业过程中的酸甜苦辣，将在课堂上所学的理论知识即时转化为实际操作能力。各类创新创业竞赛犹如一个展示与交流的大舞台，能够吸引众多大学生团队参与其中，在竞争与合作的氛围中，激发大学生的创新灵感，锻炼大学生的团队协作能力、问题解决能力以及应变能力，为大学生在未来真正踏上创新创业之路积累宝贵的实践经验。

3. 活跃的学术与创新氛围

高校作为知识创新与学术交流的核心阵地，始终洋溢着浓厚的学术氛围与创新气息，各类学术讲座、研讨会、学术社团活动以及科研项目申报等丰富多彩的学术与科研活动贯穿全年。高校定期邀请国内外知名专家学者、企业家以及行业精英莅临校园举办学术讲座和研讨会，分享各自领域的前沿动态、研究成果以及创业经验。这些活动犹如一个个通向外部世界的窗口，拓宽了大学生的视野，激发了他们的创新思维与探索欲望。学术社团则成为大学生自主开展创新实践活动的乐园。志同道合的同学们会聚于此，围绕特定的学科领域或创新项目展开深入研讨与合作实践。例如，机器人社团的大学生通过自主研发设计机器人，不仅提升了自身的工程技术能力，还在项目实践过程中学会了如何将创新技术转化为具有市场潜力的产品或服务，培养了初步的创新创业意识与能力。科研项目申报则为那些具有较高学术水平和创新创业能力的大学生提供了深入研究的机会。在导师的指导下，他们能够针对某一特定的科学问题或技术创新点进行系统研究，其研究成果往往蕴含着潜在的商业价值与创新创业机会，为大学生创新创业活动提供了源源不断的动力与灵感源泉。

（二）大学生自身特质优势

1. 思维敏捷与创新活力

大学生正处于人生中思维最为活跃、创造力最为旺盛的黄金时期。他们对世界充满了强烈的好奇心与求知欲，时刻关注着科技发展、社会变革以及文化潮流的最新动态，能够迅速捕捉其中蕴含的机遇与潜在的商业价值。在信息时代的浪潮中，大学生凭借其敏锐的信息感知能力与高效的信息处理能力，广泛涉猎多元文化与知识体系，从而为创新创业思维的激发提供了丰富的素材与灵感源泉。例如，在互联网社交媒体蓬勃发展的背景下，许多大学生迅速洞察到其中蕴含的社交电商、内容创业等新型商业模式，并大胆尝试运用短视频、直播带货等新兴手段开展创新创业实践活动，充分展现出其思维敏捷且具备创新活力的特质优势。

2. 较强的学习与适应能力

大学生在长期的学习生涯中已经逐步掌握了一套系统高效的学习方法，

具备较强的自主学习能力与知识迁移能力。在面对创新创业过程所涉及的跨学科知识体系与复杂多变的市场环境时，他们能够迅速调整学习策略，主动学习并吸收商业管理、市场营销、财务管理、法律法规等多方面的新知识与新技能，以适应创新创业实践的需要。这种强大的学习与适应能力使大学生在创新创业的道路上能够不断自我提升与自我完善，有效应对各种未知的挑战与机遇。

3. 勇于尝试与拼搏精神

大学生普遍怀揣着对未来的美好憧憬与远大的理想抱负，内心深处充满了勇于尝试新鲜事物、敢于挑战自我极限的激情与勇气。在创新创业的道路上，他们不畏失败、不惧困难，愿意为了实现自己的创新创业梦想而全力以赴地拼搏奋斗。即使在创新创业过程中遭遇重大挫折与失败，他们也能够迅速从挫折中汲取经验教训，调整心态与策略，以更加坚定的信念和顽强的毅力继续前行。例如，许多大学生创新创业团队在创新创业的初始阶段就面临资金短缺、技术难题、市场认可度低等诸多困难，但他们凭借着一股不服输的拼搏精神，通过自筹资金、技术攻关、市场调研与精准定位等一系列针对性措施，努力克服困难，使创新创业项目逐渐走上正轨并取得初步成功。这种勇于尝试与拼搏的精神是大学生在创新创业道路上不可或缺的精神动力源泉，也是他们能够在激烈的市场竞争中脱颖而出的重要保障因素之一。

（三）社会多元力量的协同推动

1. 政府政策扶持与引导

各级政府部门高度重视大学生创新创业，纷纷出台了一系列具有针对性的扶持政策与引导措施，为大学生创新创业营造了极为有利的政策环境。在资金支持方面，政府设立了多种形式的大学生创新创业专项基金，如“大学生创新创业引领计划”基金、地方政府配套的创新创业扶持资金等，通过无偿资助、贷款贴息、资本金注入等方式，为大学生创新创业项目提供启动资金与运营资金支持，有效缓解了大学生创新创业初期资金紧张的局面。在税收优惠政策方面，针对大学生创新创业企业，政府给予了减免企业所得税、增值税等多项税收优惠政策，降低了大学生创新创业企业的运营成本与负担，提高了大学生创新创业企业的盈利能力与市场竞争力。此外，政府还在创新创业场地提供、行政审批简化、创新创业培训与指导等方面出台了一系列配套政策措施。例如，各地政府积极建设大学生创新创业孵化基地、众创空间等创新创业载体平台，为大学生创新创业团队提供了免费或低成本的办公场地、设备设施以及创业服务；同时，通过简化企业注册登记、税务申报等行政审批流程，提高办事效率，为大学生创新创业提供便利条件。除此之外，各地政府还组织开展各类创新创业培训课程、创新创业导师辅导活动以及创新创业大赛等，为大学生提供创新创业知识学习、经验交流与资源对接的平台与机会，全方位地扶持与引导大学生创新创业活动健康有序地发展。

2. 企业合作与资源对接

企业作为市场经济的主体力量，是大学生创新创业教育过程中极为重要的合作伙伴。众多企业积极响应国家号召，通过与高校建立产学研合作机制、开展校企合作项目等多种形式，深度参与到大学生创新创业教育中来，实现了企业资源与高校人才智力资源的有效对接与协同创新。在产学研合作方面，企业与高校科研团队紧密合作，共同开展技术研发与创新项目。企业为高校提供研发资金、实验设备以及市场需求信息等资源支持，高校则发挥其科研人才与技术优势，为企业解决技术难题、开发新产品与新技术以及提供智力支持与创新源泉。在这一过程中，大学生作为高校科研团队的重要组成部分，能够直接参与到企业实际的研发项目中，不仅提升了自身的科研创新能力，而且能够深入了解企业的运营管理模式与市场需求导向，为未来的创新创业积累丰富的实践经验与行业资源。此外，企业还通过设立创新创业奖学金、举办创新创业大赛、提供实习与就业机会等方式，激励与引导大学生积极投身到创新创业实践活动之中。例如，一些知名企业每年在高校设立高额的创新创业奖学金，奖励那些在创新创业领域表现突出的大学生团队与个人；同时举办各类主题的创新创业大赛，如“某企业杯大学生创新创业大赛”，为参赛大学生提供创新创业项目展示、商业计划书评审、专家指导以及投资对接等全方位的支持与服务，提供丰富的实习岗位与就业机会，使大学生在企业实践过程中进一步提升自身的综合素质与能力水平，为今后自主创新创业或进入企业工作打下坚实的基础。

3. 社会创新创业文化与氛围熏陶

随着全球创新创业浪潮的兴起与发展，社会整体的创新创业文化氛围日益浓厚，为大学生创新创业教育提供了良好的文化土壤与社会环境支撑。如今，各类创新创业大赛、创新创业论坛、创新创业培训活动以及创新创业孵化机构如雨后春笋般在全国各地蓬勃兴起，形成了一个全方位、多层次的创新创业服务生态体系。创新创业大赛作为展示创新创业成果与人才风采的重要平台，吸引了众多大学生创新创业团队的踊跃参与。在创新创业大赛中，大学生不仅能够与来自不同地区、不同高校的创新创业团队进行交流切磋，拓宽视野与思路，而且能够获得专家评委的专业点评与指导，以及潜在投资者的关注与资金支持机会。创新创业论坛则会聚了各界创新创业精英、投资专家、行业学者等嘉宾，他们围绕创新创业热点话题、政策解读、趋势分析以及实战经验分享等内容展开深入研讨与交流，为大学生提供了一个学习前沿创新创业理念、了解行业动态与市场趋势的窗口与平台。创新创业培训活动更是针对大学生创新创业群体的特点与需求，提供了系统而全面的创新创业知识与技能培训课程，涵盖创新创业项目选择、商业计划书撰写、市场营销策略、财务管理、团队建设等多个方面，能够帮助大学生弥补知识短板，提升创新创业能力与综合素质。创新创业孵化机构则为大学生创新创业团队提供了从创新创业项目孵化到企业成长壮大的全程一站式服务支持，包括免费或低成本的办公场地、设备设施租赁、创新创业辅导、法律咨询、投融资对接等专业服务，大大降低了大学生创新创业的门槛与风险，提高了创新创业的成功率。在这种浓厚的创新创业文化与氛围的熏陶下，大学生耳濡目染，创新创业意识与热情得到极大激发，开始积极主动地投身到创新创业的时代浪潮中，为实现个人梦想与社会价值而努力拼搏奋斗。

第四节　开展大学生创新创业教育的理论基础

在知识经济蓬勃发展、社会变革日新月异的时代背景下，大学生创新创业教育已然成为高等教育领域的重要使命。其开展并非无本之木，而是有着深厚且多元的理论基础作为支撑。各学科理论相互交织、协同发力，共同为大学生创新创业教育的有效实施奠定了坚实的理论基础，开启了一扇培育新时代创新创业人才的智慧之门。

一、个性教育理论

尊重和发展个性成为20世纪80年代以来世界教育改革浪潮的主流，几乎所有国家都将其作为教育现代化的标志和方向。个性化教育已然成为当今世界性的教育思潮。

主体性教育理论强调教育主体的主观能动性，而个性教育理论则强调教育主体的差异化和个性化。由于遗传特征、性格倾向、生活环境、所受教育、成长过程以及自身努力程度等因素，每个人都存在差异。个性教育理论承认大学生在智力、思维、心理、情感、生理和社会背景等各个方面存在的差异，并能够依据这些差异和大学生的身心发展规律，有针对性地选择和采取因人而异的教育方式和内容，使教育方式和方法适应大学生的个体特性，从而促进每个大学生良好的个性发展，同时推动其他各项能力，如想象力、创造力和思维能力的挖掘，使其全面发展。

个性教育理论要求教师要善于寻找和尊重每个大学生优良的独特个性和素质，使之得到创造性的发展，并抑制和克服大学生的不良个性品质，打破统一僵化的教学模式，重视因材施教，实现教育的个性化、特色化、区别化和多样化，鼓励大学生“各显神通”，最有效地开发其个性潜能和创造性，充分发挥其天赋、兴趣、爱好和特长，从而使大学生能够为社会作出更大贡献，并且最大限度地实现个人价值。

个性的发展同主体性、自主性一样，是产生创造性的基础。教育的根本价值在于为社会培养有个性和创造性的人才，单调统一、毫无特色可言的教育会抑制创新欲望的产生，无法提高大学生的创新能力，甚至会导致刻板、没有创造力的行为模式。传统的应试教育，以升学为唯一目标，忽视了大学生的天赋和个体差异，将文化知识传授放在首位，不注重大学生的个性发展，甚至扼杀了大学生的特质、兴趣和特长，违背了大学生个性发展的规律，同时也背离了社会发展的需要。社会的飞速发展和现代科技的进步对人的个性化才能提出了更高的要求，只有充分培养大学生的个性化才能，才能满足社会生产、生活等各个领域发展的人才需求。

大学生创新创业教育对独特个性的尊重尤为重视，因而只有以个性教育理论为依据和基础，从大学生的个性发展出发来设计教育内容、模式、方法和制度，培养大学生的独立人格，充分发掘大学生个体的聪明才智和个性才能，才有可能使大学生能更自觉、更充分、更主动地全面提升其自身的整体素质，防止教育的窄化、僵化、浅化和庸俗化，培养更多符合社会发展需求的人才。

二、全面发展理论

全面发展理论主要从两个方面来审视我国社会主义教育的目的：一是人的脑力劳动与体力劳动相结合，实现德育、智育、体育、美育和劳动技术教育全面发展；二是一个完整个人所具有的才能和品质都能得到和谐充分的发展。社会对人才的需求是多种多样的，只有全面发展的人才才能满足社会各项建设事业的发展。结合个性教育理论，由于每个人都存在一定的差异，在教育过程中，针对处于同一发展阶段的大学生，既要考虑全面发展的共性和相似性，又要结合各自的个性差异。

传统教育模式的最大弊端是忽视了大学生个体的发展。教师将大学生视为没有思想、情感和辨析力的“两脚书橱”和“知识容器”，一味地根据自己的想法和偏好来灌输各种知识，这必然会影响大学生潜能的发掘和全面发展的实现，同时还会严重遏制大学生创新创业能力的提升。全面发展教育理论则要求高校和教师着眼于大学生的发展，遵守大学生的身心发展规律，通过各种教学方式为大学生的全面发展提供条件、创造环境，使其在学习和掌握各类知识的同时，通过有效的社会实践和训练，将学到的知识逐渐内化为其自身相对稳定的思维方式和行为习惯，最终实现全面发展，成为能够适应未来社会发展的会生存、善学习、勇于创新的复合型人才。因而，从这个角度来看，个性教育理论不仅是全面发展教育理论的题中之义，而且是一种更高层次的全面发展表现形式。[①]两者并不排斥，而且可以相互结合，实现个人、个性的全面发展。

大学生创新创业教育强调的是在大学生可持续发展的基础上，实现其全面

① 张理剑.构建教育体系[M].延吉：延边大学出版社，2020：3.

发展，不仅要促进其在德、智、体方面较全面的发展，而且要结合其自身的个性特点，促进他们获得相对于自身而言最好的发展。具体来看，教师在培养和保持大学生的创新精神和创造力时，还要考虑其在工作生活中的需要；在进行知识文化传递的同时，不能用现成的观念模式压抑其个性化想法；在鼓励其发挥天赋、兴趣和能力时，不能助长其盲目的个人主义；密切关注每个施教者的独特性，不忽略创新创业意识的培养。

三、“从做中学”理论

美国教育家杜威（Dewey）以“教育即生活”“教育即生长”“教育即经验的改造”为依据，对知与行的关系进行了论述，并提出了举世闻名的“从做中学”理论。在《学校与社会·明日之学校》一书中，他明确提出“从做中学”是比“从听中学”更好的方法。

杜威的教学理论是围绕“从做中学”来建构的，其认为教学过程是一个实践的过程，同时也是不断地总结经验的过程。其注重经验理论，认为所有的学习都源于经验的积累和获取，而经验则源于实践——“做”。也就是说，只有通过实践才能获得经验，这是获取知识的基础。他对人具有创造的本能持有肯定态度，认为知识和经验并不孤立存在，其源于各种社会事务的相互联系和相互影响之中，学校应当重视实践的重要作用，注重提供实践的情境，如实验室、农场等。这能够使学生在实践中发现问题，并通过引导强化学生查询资料的能力，为其解决问题提供足够的支撑。在此基础上，杜威提出了教学应当由情境构造、问题发现、假设的提出、解决问题和对假设的检验五个部分构成。“从做中学”是对社会发展需要的回应，其有利于学生主动探究和解决问题的主体意识的发挥，注重全面发展，对大学生创新创业教育的发展具有重要的参考价值。

四、成功学理论

成功学又名“生命学”，其着眼于研究成功的方法，着眼于培养人良好的思想和行为习惯，从而使人们更快地迈向成功。成功学的创始人是美国人拿破仑·希尔（Napoleon Hill），在深入研究和思考504位美国社会各界名流成功经验的基础上，于1937年完成了具有划时代意义的《思考致富》一书。成功学作为一个研究人类行为原因、方式及成功规律的学科，从多个角度论述了追求成功的完整理论和方法。成功学可分为以下六种。

①品德成功论。最早期成功学著作的基础论调，强调品德为成功之本，代表作有《富兰克林自传》。

②素质成功论。素质成功论强调人必须具备成功者所具备的素质，才能获得成功的人生；倡导和赞赏意志顽强，富于进取精神，坚忍不拔，拯世救民的具有个人魅力的英雄或人物。

③人际关系成功论。人是社会动物，不是孤立地存在于某个地点，其价值的实现依赖社会价值的实现。因此，人的成功与否取决于其是否具有优秀的社交技巧。

④积极心态成功论。积极的心态，对人是否能够取得成功起着决定性的作用，态度的重要性不言而喻。

⑤潜能成功论。每个人都具有成功的潜能，能否成功取决于个体是否发掘了自身潜能。潜能成功论以美国成功学家安东尼·罗宾（Anthony Robbins）为代表，他注重发挥个体的主观能动性，并调整自身现有情况，挖掘潜能。

⑥综合论。这是一种综合了以上五种成功论要素的理论，既注重个体潜能和社交的挖掘培养，又注重积极心态和方法。这种综合成功论以邹金宏为代表，他提出了“实用成功学”。

五、激励—保健理论

激励—保健理论是美国心理学家弗雷德里克·赫茨伯格（Frederick Herzberg）提出，简称“双因素理论”，是两种尺度而非一个尺度上两个相反的极点。他提出影响人们行为的因素主要有两类：保健因素和激励因素。

赫茨伯格认为，保健因素指工作本身以外的影响员工情绪的因素，其属于非本质的因素。对员工情绪的影响可以划分为工作本身和环境因素，环境因素主要有公司制度、同事之间的关系、办公氛围等，这些因素如果使员工不能适应，则易产生员工对工作满意度下降的现象。这些因素仅是为员工良好的情绪提供保障，不能真正地起到激励作用。

激励因素是指对员工情绪产生决定影响的一些因素，这些因素主要是工作本身的性质，如工作难度、工作能否使其实现人生价值和获得成就感、是否有发展空间等。这些因素主要对员工的积极性产生影响。如果这些因素处理不好，会严重挫伤员工积极性；如果处理得好，就能够有效唤起员工的积极性。因此，赫茨伯格建议要实现对工作要素的充分考量与丰富。

六、马斯洛的需求层次理论

马斯洛需求层次理论是由美国心理学家亚伯拉罕·马斯洛（Abraham Maslow）于20世纪50年代首先提出的。在《人类动机理论》中，马斯洛将人类的需要总结归纳为五个层次，依次是生理需要、安全需要、社交需要、尊重的需要、自我实现的需要。

马斯洛的需求层次理论认为，每一个人在同一时期，同一个人在不同时期的心理需求是不同的，只有当较低层次的需要获得了基本满足后，下一个较高层次的需要才能成为主导需要，并且在某一时刻只有一种需要是引发动机和行为的主导需要。按照这一理论，如果想要激励某个人，就应设法知道他现在处于需要层次的哪个水平上，然后试图去满足该层次及更高层次的需要。激励的具体方式应该以此为依据进行调整，因为面对千差万别的现实需要，不可能以一成不变的激励方法应对所有的需要内容。有的人看重名誉，那么就要在社会承认和社会尊重方面采取激励措施，将社会地位和声望作为主导性的激励内容。

七、蒂蒙斯创业理论

蒂蒙斯创业理论提出于20世纪。在蒂蒙斯创业理论出现后，有关创业的研究就越来越多。杰弗里·蒂蒙斯（Jeffry Timmons）提出的蒂蒙斯创业理论对创新创业过程模型给出了经典的诠释。

第一，商业机会是商业过程的核心驱动力，创业者是创业过程的主导者，资源是创业成功的必要保证。

创业过程始于商业机会，而不是钱、战略、网络、团队或商业计划。在开始创业时，商业机会比创业者以及适当的资源更重要。在创业过程中，资源与商业机会经历着一个适应—差距—适应的动态过程。

第二，创业过程是商业机会、创业者和资源三个要素匹配和平衡的结果。处于模型底部的创始人或工作团队要善于配置和平衡，借此推进创业过程。他们必须做的事情是：对商业机会的理性分析和把握，对风险的认识和规避，对资源的利用和配置，对工作团队适应性的分析和认识。

第三，创业过程是一个连续不断地寻求平衡的行为组合。

在三个要素中，绝对的平衡是不存在的，但企业要保持发展，就必须追求一种动态的平衡。当用保持平衡的观念展望企业未来时，创业者必须思考的问题是：目前的团队是否能领导企业未来的发展？企业在下一阶段面临的陷阱是什么？这些问题在不同的阶段会以不同的形式出现，牵涉到企业的可持续发展。

蒂蒙斯创业理论对商业机会、创业者、资源以及它们之间的关系进行了详细的分析，诠释了创业过程的含义。蒂蒙斯创业理论为如何培养创新创业人才，从哪几个方面入手培养创新创业人才，创新创业人才应该具备什么样的素质提供了一定的理论参考，具有方法论的意义。

第二章　我国大学生创新创业教育的现状审视

在知识经济蓬勃兴起、创新驱动发展成为时代主旋律的当下，大学生创新创业教育在我国高等教育体系中的地位越发关键。各高校积极探索实践大学生创新创业教育，从课程体系构建到实践平台搭建，多措并举，多管齐下。然而，在看似一片火热的背后，实则隐藏着诸多值得深入探究的问题。为此，对大学生创新创业教育的现状进行细致审视，成为破解困局，推动大学生创新创业教育迈向新高度的关键所在。

第一节　我国大学生创新创业教育的发展现状

一、大学生创新创业教育取得了显著成效

（一）教育体系逐步构建

1. 课程设置渐趋完善

高校已普遍认识到大学生创新创业教育的重要性，也正在逐步构建较为系统的大学生创新创业教育课程体系。除了开设创业基础等通识性课程，向大学生传授创业的基本概念、流程和方法外，还根据不同专业的特点和大学生的需

求，设置了具有针对性的专业选修课程。例如，工科院校设置了“科技创业与创新管理”课程，将工程技术知识与创新创业理念相结合，引导大学生如何将科研成果转化为商业产品；商科院校设置了“商业创新与创业实践”课程，侧重于培养大学生的商业敏锐度和市场开拓能力。这些课程从理论知识到实践案例分析，全方位地丰富了大学生的创新创业知识储备，为他们在未来创新创业奠定了坚实的理论基础。

2. 实践平台不断拓展

各大高校积极与企业、政府合作，搭建了多样化的实践平台。校内的创新创业孵化中心为大学生提供了模拟创新创业的环境，配备了专业的指导教师和必要的设施设备。大学生可以在这里将自己的创新创业想法付诸实践，进行项目孵化。例如，某高校的创业孵化中心成功培育出多个大学生创新创业项目，其中的智能硬件创新创业团队在孵化期间获得了多项技术专利，并与投资机构达成合作意向。校外的实习基地则让大学生有机会深入企业，了解企业的实际运营和市场需求，积累实践经验。此外，各类创新创业大赛也成为重要的实践平台，如“互联网＋”大学生创新创业大赛、“挑战杯”中国大学生创业计划竞赛等。这些大赛吸引了众多大学生团队参与，不仅激发了大学生的创新创业热情，而且促进了团队协作能力和项目实战能力的提升。

（二）大学生参与热情高涨

1. 创新创业意识不断增强

随着社会对创新创业的关注度不断提高以及大学生创新创业教育的深入开展，大学生的创新创业意识明显增强。越来越多的大学生认识到创新创业不仅是实现个人价值的重要途径，而且是应对未来就业挑战的有效方式。在校园里，各种创新创业社团蓬勃发展，吸引了大量大学生参与。这些社团通过举办创新创业讲座、沙龙、项目路演等活动，营造了浓厚的创新创业氛围，进一步激发了大学生的创新创业热情。例如，某高校创新创业社团每年举办的创新创业文化节，已成为该校的品牌活动。在活动期间，大学生可以与知名企业家面对面交流，分享创新创业经验，感受创新创业的魅力。

2. 积极开展创新创业实践

在强烈的创新创业意识驱动下，大学生积极开展创新创业实践活动。他们利用课余时间和假期，组建创新创业团队，开展市场调研，开发产品或服务，尝试创新创业。据统计，近年来我国大学生创新创业人数逐年增加，创新创业领域也不断拓宽，涵盖了互联网、文化创意、科技服务、农业等多个行业。例如，一些大学生团队利用互联网平台，在电子商务、在线教育领域进行创新创业等；还有一些大学生结合自己的专业知识，在生物医药、人工智能等高科技领域进行探索创新。虽然面临诸多困难与挑战，但他们的创新创业实践为社会带来了新的活力和创新元素。

（三）实践模式多样

国内高校开展大学生创新创业教育起步较晚。20世纪90年代末，清华大学在管理学院中为工商管理硕士开设了创新创业管理方向，其中包括八门课程：创业管理、创业投资、新产品开发、项目管理、企业家精神与创新、技术创新管理、知识产权管理、技术创新与制度创新。其他国内高校也为本科生开设了创新创业相关课程。

在知识经济时代，大学生创新创业教育是培养大学生创新创业能力的系统工程，是当今社会黄金发展时期人才需求变化的需要。在高新技术产业迅速发展的今天，不仅需要大量具备创新创业能力的人才，而且需要一个完善的创新创业体系。从这个意义看，必须站在科教兴国的战略高度来认识大学生创新创业教育在整个高等教育中的重要性，还要认识到高校应该密切联系社会，为大学生创造良好的创新创业环境。

大学生创新创业教育是大学生素质培养过程中的重要环节，应贯穿高校课堂教学以及课外活动中，通过课程体系改革、教学内容更新、教学方法调整，以及第二课堂的开展，不断提升大学生的综合素质，促进大学生创新创业意识、创造精神和创新创业能力的培养。从目前全国高校开展的大学生创新创业教育来看，我国现在的大学生创新创业教育实践模式大致可分为以下三种。

1. 以提高大学生的素质能力为重点的大学生创新创业教育

这一类大学生创新创业教育主要是将大学生创新创业教育融入大学生素

质教育之中，采用这种方式的典型是中国人民大学。这种模式强调大学生创新创业教育要突出大学生创新创业意识培养，构建创新创业知识结构，提升大学生的综合素质，在课堂内外充分开展大学生创新创业教育。首先在课堂内，要调整教学内容，改进教学方式，增加相关选修课程数量，尊重大学生自主选择的权利，开设“投融资管理”“风险评估”“创业学”等创新创业相关课程，鼓励大学生参与实践，培养创新创业思维等。在课后，不以功利目的为行为导向，支持大学生积极投身于各种社会实践活动和社会公益活动中，参与创新创业竞赛和活动等。

2. 以培养大学生的创新创业理念、提升大学生的创新创业技能为重点的大学生创新创业教育

这一类大学生创新创业教育的重点是设立专门机构，采取商业化运作，同时开设大学生创新创业教育课程，建立大学生创业园和孵化基地，让大学生真正体会创新创业的过程，并为大学生提供一定的创新创业资金支持和相关的创新创业咨询服务。其典型代表是北京航空航天大学。该校设立了“创业管理培训学院”（现为“教育培训学院”），专门负责大学生创新创业相关事务，通过转变大学生的就业观念，搭建创新创业平台、强化创新创业意识、提升创新创业技能，实现以创新创业带动就业的良性循环。该校还开设了创新创业教育相关课程，另外设立了创新创业基金。①

3. 联合式大学生创新创业教育

这一类大学生创新创业教育一方面将创新创业理论学习作为大学生创新创业教育的基础，在专业知识的讲授过程中突出大学生基本素质的培养；另一方面为大学生提供创新创业所需的初期资金和相关的技术支持。其代表是上海交通大学。该校确定了创新创业人才培养体系的基本框架和内容，同时强调大学生综合素质的培养和提高。该校投入大量资金用于创新创业基地建设，以培养大学生的动手实践能力。另外，该校还以社会活动为依托，以竞赛为载体，推动大学生创新创业教育的开展。

① 刘鲲，于晓丹，沈瑞雪.高职院校创新创业教育探索[M].北京：旅游教育出版社，2022：45.

（四）社会支持环境优化

1. 政策扶持力度加大

各级政府高度重视大学生创新创业，出台了一系列优惠政策。在资金支持方面，政府设立了大学生创新创业专项基金，为大学生创新创业提供启动资金和贷款贴息。例如，某地政府推出的大学生创新创业扶持基金，每年为数百个大学生创新创业项目提供资金支持，帮助他们解决创新创业初期的资金难题。在税收优惠方面，政府对大学生创新创业企业给予减免企业所得税、增值税等优惠政策，以减轻企业负担。此外，政府还在创新创业场地、行政审批等方面为大学生提供便利，如建设大学生创新创业园区，为大学生提供免费或低成本的办公场地，简化企业注册登记手续，精简办事流程，提高办事效率等。

2. 企业与社会资本参与

企业和社会资本对大学生创新创业的关注度和参与度不断提高。许多企业通过与高校合作，开展产学研合作项目，为大学生创新创业提供实习机会、技术指导和资金支持。例如，某科技企业与高校联合建立了创新创业实验室，企业投入资金和设备，高校提供科研人才和场地，双方共同开展科研创新和创业项目孵化。社会资本也纷纷设立创新创业投资基金，专门投资于有潜力的大学生创新创业项目。这些投资基金不仅为大学生提供了资金保障，还带来了专业的投资管理经验和行业资源，可以帮助大学生创新创业项目快速成长。同时，各类创新创业服务机构如雨后春笋般涌现，为大学生创新创业提供法律咨询、市场推广等一站式服务，进一步优化了大学生创新创业的社会支持环境。

二、大学生创新创业教育尚存在问题

在我国，虽然大学生创新创业教育已经受到社会各界的高度重视，尤其是国家和政府将之视为发展经济和推进就业的重要措施，但作为推进大学生创新创业教育主体的高校在大学生创新创业教育方面仍处于起步和试点阶段，还没有形成比较成熟和系统的大学生创新创业教育模式。因此，大学生创新创业教育活动还存在诸多不足。

（一）对大学生创新创业教育的认识不到位，缺乏教育思想的指导

有些教育行政主管部门和高校领导对大学生创新创业教育的认识不到位，没有把大学生创新创业教育当作一种新的教育目标，也没有把大学生创新创业教育当作重要的就业政策来认识。这就导致在大学生的培养过程中，缺乏创新创业思维和创新创业精神的教育。在教育内容上，以专业为中心，以行业为目标，知识结构单一。在教学方法上，以教师为中心，没有立足于大学生的学习能力培养，从而造成社会所需的具有良好的创新创业能力、鲜明个性和创造性思维的人才严重不足。高校对什么是大学生创新创业教育以及如何开展大学生创新创业教育等问题，还没有形成系统的理论，需要更进一步理解、认识和研究。

（二）大学生创新创业教育的课程设置不合理，缺乏明确的教育目标和学科内容

开展大学生创新创业教育在西方国家的高校中已有较长的历史。西方国家的高校普遍重视培养大学生的创新创业精神，通过开设系列课程来传授创新创业知识和技能。我国尚未在高校中普遍开设大学生创新创业教育系列课程，大学生创新创业能力的培养基本上还停留在开展一些与创新创业有关的活动阶段，标准化、科学化的课程体系还很薄弱，大学生创新创业教育的目的和任务还不明确，致使大学生的创新创业意识、创新创业素质和创新创业能力提高缓慢。从目前大学生创新创业教育课程设置来看，主要存在以下问题：①尚无统一、科学的教材。教材是教育的基础，没有合适的教材，教育也无法正常化系统性地开展。②一些高校已经开设了相关的选修课，但仅仅是孤立的课程，同现存其他课程之间的关系有待进一步厘清和完善。③尚无明确的教育目标和学科内容。[①]

（三）大学生创新创业教育与学科专业建设相脱节

当前的大学生创新创业教育没有纳入高校人才培养目标和体系之中，使大

① 黎博，曾依依，唐星星.大学生创新创业教育模式新模式研究[M].北京：中国原子能出版社，2023：59.

学生创新创业教育与学科专业教育的开展未形成有机联系，是在“正规教育”之外，利用课外时间进行的“业余教育”。可是大学生的创新创业能力、创新创业素质、管理水平等不是上几门课就能解决的，因此大学生创新创业教育必须渗透到各门课当中，发挥主渠道作用。高校必须将大学生创新创业教育纳入高校人才培养体系当中，让大学生既能学到专业知识，又能提高自己的综合素质，为大学生创新创业打下良好的基础。

（四）大学生创新创业教育的师资队伍不健全，缺少专业的师资力量

教师是大学生创新创业教育的引路人，然而目前我国高校的大学生创新创业教育师资力量薄弱。大学生创新创业教育主要以选修课的形式展开课堂教学，如“创业管理入门”“创业市场调查”“创业实务”“团队训练”等课程，但这些课程的教师大多没有真正的创新创业经历。同时，由于目前从事大学生创新创业教育的教师大多是兼职的，他们主授其他课程，不能花费太多精力在大学生创新创业教育上。除了课堂教学外，大学生创新创业教育的主要形式之一是高校组织的大学生创新创业计划大赛，而这些创新创业计划活动的指导工作主要由辅导员承担。他们在具体指导时也多是讲解一些创新创业政策、创新创业形势、创新创业技巧等方面的知识，很少有专业或专职教师对大学生进行系统的创新创业指导，这也是大学生难以走上创新创业道路的重要原因之一。

第二节　我国大学生创新创业教育存在问题的原因

在当今时代背景下，大学生创新创业教育对于推动社会创新发展与人才培养转型意义非凡。然而，其在发展进程中暴露出诸多的问题。本节将针对前文所述大学生创新创业教育存在的问题，具体分析这些问题产生的原因。

一、传统教育理念的深度束缚

我国高等教育在长期的发展历程中，形成了根深蒂固的学术型和职业型

教育主导模式。在这种模式下，高校的教学紧紧围绕专业知识的系统性传授展开。大学生创新创业教育作为一种新兴的实践领域，在这样的传统框架内显得格格不入。高校管理层往往更关注专业学科建设在学术领域的影响力和大学生能否顺利进入传统就业岗位，对于大学生创新创业教育所蕴含的激发大学生的创新创业思维、培养大学生跨学科的综合能力以及推动社会经济创新发展的独特价值缺乏深入理解与足够重视。这种思想上的轻视导致在高校的整体战略规划层面，大学生创新创业教育未能获得应有的地位与资源支持，缺乏系统性的顶层设计与长远的教育思想指引。各部门在推进大学生创新创业教育工作时，缺乏协同性与连贯性，仅仅将其作为一种边缘性的教育补充活动，无法形成全校范围内的教育合力，导致大学生创新创业教育在实际执行过程中自我动力匮乏、方向模糊不清。

二、课程体系构建的系统性缺失

在课程设置这一关键环节，高校普遍存在对大学生创新创业教育缺乏全面、深入、科学的调研与分析的问题。一方面，由于未能精准定位大学生创新创业教育在不同学科专业背景下的独特目标与作用，课程内容设计与大学生的专业学习轨迹以及未来的实际创新创业场景之间缺乏紧密的逻辑关联。例如，理工科专业的大学生创新创业教育课程未能充分结合专业技术创新与产业化应用的特点，文科专业则未能有效挖掘文化创意产业创业的潜力与路径，使得大学生在学习过程中难以将所学专业知识与创新创业实践有机结合，造成知识与实践的割裂。另一方面，高校在构建大学生创新创业教育课程体系时，缺乏宏观的整体架构设计思维，对课程的开设往往是基于零散的市场需求感知或对其他高校的简单模仿，缺乏对大学生创新创业教育本质规律的把握与遵循。这就导致课程呈现出碎片化、拼凑化的特点，仅仅是将一些商业基础知识、技能培训内容随意组合在一起，未能构建起一个从基础理论知识逐步深入实践应用操作，从创新创业精神的深度培育到创新创业综合能力全面提升的完整、有序、层次分明的学科内容体系。[①]这样的课程体系无法为大学生提供系统、全面、深入的创新创业教育，难以满足大学生在不同阶段的学习需求，极大地削弱了

① 郭志辉.大学生创新创业教育研究[M].成都：电子科技大学出版社，2016：33.

大学生创新创业教育的实效性与影响力。

三、学科建设导向与评价机制的固有局限

学科专业建设在我国高校发展战略中占据核心地位，然而长期以来其主要遵循传统的评价指标体系，如学术研究成果的数量与质量、专业学科在国内外排名中的位置等。这些指标在一定程度上引导着高校学科建设的方向与资源投入的重点，却忽视了大学生创新创业教育在现代高等教育体系中的重要性与融合的需求。在这样的导向下，各学科专业在制订人才培养方案和教学计划时，很少主动将大学生创新创业教育元素纳入其中进行系统性整合。教师在教学过程中也更多地专注于专业知识的传授，缺乏将创新创业理念、创新创业思维方法以及创新创业实践案例融入教学内容的内在动力与外在压力。同时，在高校内部管理体制中，学科建设管理部门与创新创业教育管理部门之间缺乏有效的沟通协调机制与协同工作平台。两者各自为政，在资源分配、政策制定、教学活动组织等方面难以形成有机配合，进一步加剧了学科专业建设与大学生创新创业教育之间的脱节状态。这种脱节不仅限制了大学生在专业学习过程中创新创业意识与能力的培养，也阻碍了学科专业知识在创新创业实践中的有效转化与应用，不利于大学生创新创业教育生态系统的形成与发展。

四、师资培养与引进渠道的双重梗阻

师资队伍是决定大学生创新创业教育质量与水平的关键因素之一，然而当前高校在这方面面临着诸多困境。一方面，内部教师培养体系存在严重缺陷。绝大多数教师都是在传统模式下接受教育并成长为专业教师，缺乏创新创业实践经历与实际商业运营经验，在教学过程中难以从真实的创新创业视角出发向大学生传授贴合实际的创新创业技能与知识。尽管部分高校已经意识到这一问题并尝试开展教师创新创业教育培训工作，但由于缺乏系统、专业、长期的培训规划与资源投入，培训内容往往停留在表面的理论讲解或短期的观摩学习，无法为教师提供深入企业实践、参与创新创业项目运作的充足机会与有效平台。这使得教师难以真正理解大学生创新创业教育的内涵与精髓，难以将理论知识与实践经验有机结合，无法转型成为合格的大学生创新创业教育师资。另一方面，在人才引进环节，高校由于受到编制、薪酬待遇、职业发展空间等多

种因素的限制，难以制定具有足够吸引力的政策来吸引校外具有丰富的创新创业经验和专业的大学生创新创业教育背景的人才加入师资队伍。即使有少数此类人才进入高校，也可能因为高校内部复杂的管理体制、教学评价机制与文化氛围而难以充分发挥其专业优势与实践经验价值。这种师资培养与引进渠道的双重梗阻，导致大学生创新创业教育师资队伍在数量与质量上都难以满足大学生创新创业教育日益增长的多元化需求，成为大学生创新创业教育发展的重要瓶颈。

第三节　我国大学生创新创业教育问题的解决对策

当前我国大学生创新创业教育面临着诸多挑战与困境。为了有效破解这些难题，助力大学生在创新创业的舞台上绽放光彩，有必要深入探讨并采取一系列具有针对性与可操作性的对策。

一、树立科学的大学生创新创业教育理念，把大学生创新创业教育纳入人才培养体系

大学生创新创业教育理念是大学生创新创业教育体系的灵魂，从根本上说，它包含以下几个方面：以人为本的教育理念、以大学生为主体的教学理念、促进大学生全面发展的质量理念、培养创造型人才的教育价值理念、坚持终身学习的学习理念。联合国教科文组织在世界高等教育大会上发表的《21世纪的高等教育：展望与行动世界宣言》指出，培养大学生的创新创业技能，应成为高等教育主要关心的问题。大学生创新创业教育是世界高等教育的发展趋势，是深化我国高等教育改革的必然选择。

首先，高校要转变观念，坚持以人为本，创新人才培养模式。一是提高认识，大学生创新创业教育是创造性落实新时期教育方针的需要。在知识经济时代，高校鼓励拥有知识资本的大学生创新创业，有助于落实新时期的教育方针。一方面，大学生创新创业能够解决个人的就业问题，同时增加社会财富，使大学生能更积极主动地为社会主义现代化建设服务；另一方面，大学生创新

创业能够将高科技成果转化为现实的生产力，从而创造性地实现教育与生产劳动相结合。二是要树立科学的发展观，确立大学生创新创业教育理念。大学生创新创业教育是世界高等教育的发展趋势，是深化我国高等教育体制改革的必然选择，是引导我国高等教育走向世界、走向市场、走向现代化的有效途径。面对大学生创新创业教育这一新生事物，高校要把握大学生创新创业教育的发展态势与科学规律，大胆探索，构建具有我国特色的大学生创新创业教育模式。三是要树立新的人才观。大学生创新创业教育是崭新的教育思想观念，它要求在办学理念上尊重人格自由，尊重个性发展和调动大学生的潜能，使大学生在接受高等教育的过程中，学会学习、学会创造、学会发展；在教育目标上强化提高大学生的创新创业素质，在教育方式上突出大学生主体积极性与实践性的结合。因此，实施大学生创新创业教育不应是局部的教学方法、教育手段的调整，而是涉及总体的教育思想、教育体制、教学内容与方式方法等诸多层面变革的系统工程。对此，高校要更新观念，根据时代发展的要求和市场经济发展的需要，树立正确的人才观，全面进行大学生创新创业教育理念、机制、内容、方法和管理运行上的改革和创新，从而为社会主义现代化建设培养更多的创新创业人才。

其次，教师要切实转变教育思想与观念，树立培养创新创业人才的观念。高校任课教师要牢固确立以人为本、全面发展的育人理念，主动为大学生创新创业提供良好的服务。高校要教育大学生树立一种与市场经济相适应的积极的就业观，培养大学生树立敢闯敢试的创新创业意识和艰苦奋斗的创新创业精神。大学生创新创业教育的目的就在于培养大学生的自我就业意识，使他们有眼光、有胆识、有组织能力、有社会责任感，在毕业时做好创新创业的心理准备和知识储备。要从观念上改变单纯为创业而进行的大学生创新创业教育，将大学生创新创业教育的思想渗透到高校各方面的教育中，贯穿到教书育人、管理育人、服务育人的全过程中去。

二、优化课程设置，明确目标与学科内容架构

（一）基于目标导向设计课程体系

大学生创新创业教育的总体目标为培养具备创新创业精神、创新创业意

识、扎实的专业知识与综合性创新创业能力的高素质人才。根据这一目标，高校应将课程体系划分为基础理论课程、专业技能课程、实践应用课程以及素质拓展课程等多个模块。

基础理论课程主要涵盖创新创业思维方法、创业学基础理论、商业法律法规等内容，为大学生奠定创新创业的理论基石；专业技能课程结合不同学科专业特点，设置科技创新与产品研发、市场营销策略、财务管理与融资、人力资源管理等课程，以提升大学生在特定领域的专业技能；实践应用课程通过创新创业项目模拟实训、企业实地调研与实习、创新创业案例深度分析与实践操作等形式，让大学生将理论知识转化为实际操作能力；素质拓展课程则注重培养大学生的领导力、团队协作能力、沟通能力、抗压能力等综合素质，通过创新创业竞赛、创新创业社团活动、户外拓展训练等方式开展。

（二）整合学科内容，增强课程关联性

高校应打破传统学科界限，组建跨学科的课程研发团队。团队成员包括不同专业领域的教师、企业界人士以及大学生创新创业教育专家等。团队成员应共同研讨如何将各学科知识有机融入创新创业课程，确保课程内容既具有专业性又具有综合性。

例如，创新创业项目策划课程融合了市场营销学的市场调研与定位方法、管理学的项目管理理论、设计学的产品或服务创意设计理念、计算机科学的信息技术应用等多学科知识，同时建立了课程内容更新机制，能够根据市场需求变化、行业发展动态以及学生反馈意见，定期对课程内容进行优化调整，保持课程的时效性与实用性。

三、推动大学生创新创业教育与学科专业建设深度融合

（一）专业课程融入大学生创新创业教育元素

首先，要修订各学科专业的人才培养方案与教学大纲，明确要求在专业课程教学中融入大学生创新创业教育元素。例如，在理工科专业课程教学中，引导大学生思考专业技术成果的商业化应用前景，设置相关课程项目或作业，要求大学生完成技术创新项目的商业计划书撰写；在文科专业课程中，结合文化

产业、社会服务等领域，开展创新创业案例分析与讨论，培养大学生的创意策划与项目运营能力。

其次，鼓励专业教师参加大学生创新创业教育师资培训，提升其在专业教学中融入大学生创新创业教育的意识与能力。同时，建立专业教师与大学生创新创业教育教师的合作教学机制，共同开发融合课程，设计教学方案，实现学科专业知识与创新创业实践技能的无缝对接。

（二）建立跨学科大学生创新创业教育协同机制

首先，要成立跨学科大学生创新创业教育中心或协同创新创业平台，整合校内各学科资源，为大学生提供跨学科学习与创新创业实践的机会。平台可组织跨学科的创新创业项目团队，让不同专业的大学生共同开展创新创业项目研究与实践。

其次，应设立跨学科大学生创新创业教育课程群，面向全校大学生开放选修。课程群涵盖多个学科领域与创新创业环节，如科技创新创业前沿、文化创意产业创新创业、互联网创新创业模式、创新创业风险管理等。通过跨学科课程学习与项目实践，大学生的创新创业视野会得到拓宽，跨学科思维与综合创新创业能力会得到培养。

四、完善师资队伍建设，打造专业师资力量

（一）内部教师培养与转型

首先，需制订系统的大学生创新创业教育教师培训计划，定期选派教师参加国内外的大学生创新创业教育培训课程、研讨会与学术会议。培训内容包括创业理论知识更新、创新创业实践技能提升、创新创业案例教学方法培训等方面。

其次，应建立教师创新创业实践挂职锻炼机制，鼓励教师深入企业、创新创业园区、众创空间等一线创新创业实践场所挂职锻炼。教师在挂职期间，应积极参与企业的创新创业项目运作、管理咨询等工作，积累创新创业经验，了解市场需求与行业动态，为教学提供丰富的实践素材。

最后，要设立大学生创新创业教育教学研究项目基金，支持教师开展大

学生创新创业教育教学方法改革、课程开发、教材编写等方面的研究工作，通过教学研究与实践相结合，提升教师的大学生创新创业教育教学水平与专业素养。

（二）外部人才引进与合作

首先，积极制定具有吸引力的人才引进政策，面向社会招聘具有丰富创新创业经验的企业家、投资专家等作为专职或兼职大学生创新创业教育教师，为他们提供优厚的薪酬待遇、良好的职业发展空间与教学科研条件，鼓励他们将自身的创新创业经验与实践智慧传授给大学生。

其次，可建立校外创新创业导师库，邀请各类成功人士、行业专家担任校外创新创业导师，通过创新创业讲座、创新创业项目指导、创新创业竞赛评委等多种形式，为大学生提供一对一的创新创业指导与咨询服务。同时，加强校内教师与校外导师之间的交流与合作，共同提升大学生创新创业教育的质量与水平。

第四节　我国大学生创新创业教育的基本策略

大学生作为最具活力与创造力的群体，其创新创业能力的培养不仅关乎个人的职业发展与人生价值的实现，而且是推动国家经济转型升级、提升国际竞争力的重要动力源泉。因此，深入探索并构建一套行之有效的大学生创新创业教育基本策略具有极为重要的意义，它将为高校开展大学生创新创业教育指明方向，为大学生踏上创新创业之路筑牢坚实根基。

一、推进大学生创新创业教育与产业融合

推进大学生创新创业教育与产业融合，是当前高等教育领域响应时代需求、促进经济社会发展的重要举措。这不仅要求教育内容与方式必须革新，更强调教育生态的重新构建，以确保教育与产业之间的动态衔接与互动，培养具有创新创业精神与实践能力的人才。根据地域经济特色和行业发展动态，高校需定期调整大学生创新创业教育内容，确保课程紧跟产业发展步伐。例如，针

对新兴产业如人工智能、大数据、生物科技等领域开设专项课程，不仅要传授理论知识，而且要融入实践操作模块，如编程训练、数据分析、实验操作等，使大学生能在学习过程中掌握产业急需的硬技能。与企业共建创新实验室、实习实训基地、研发中心等，是连接理论与实践的桥梁。这些平台不仅给大学生提供了一个将知识应用于实践的场所，而且让大学生置身于真实的产业环境中，通过参与企业项目、感受市场脉动、理解客户需求，在解决实际问题中锻炼创新创业思维和团队协作能力。

二、加强实践环节与项目导向

在新时代背景下，大学生创新创业教育的实践环节与项目导向性日益成为培养创新创业人才的关键。这不仅强调理论与实践的深度融合，而且侧重于通过具体项目实施来培养大学生的创新创业思维与实际操作能力，为社会输送具备实战经验的青年创新创业者。为此，要将实践性课程体系化地融入大学生创新创业教育。实践性课程不仅是简单的动手操作训练，而是围绕真实问题模拟或实际开展项目设计的课程，如市场调研、产品原型制作、商业策划等。实践性课程的内容要与行业需求紧密对接，确保大学生学习的每一步都与市场同步，为后续的创新创业打下坚实基础。教师可采用项目导向的教学模式，鼓励大学生组成团队，围绕一个具体目标或问题，从零开始规划、设计、实施、评估，全程参与一个完整的创新创业项目周期。这种模式不仅考验大学生的团队协作能力，而且主要锻炼大学生将理论知识转化为实践成果的能力，培养大学生解决复杂问题的综合素养。

与企业建立密切合作，搭建大学生创新创业实习平台，是实践性课程的另一个重要环节。通过在企业实习，大学生能直接接触行业前沿，体验商业环境，了解市场运作，学习从书本上学不到的实践经验。与企业进行项目合作更是提供了实战演练场，使大学生能在真实项目中试错、学习、成长，为将来的创新创业积累宝贵经验。

建立或接入现有的创新创业孵化器和项目孵化平台，可以为大学生提供从想法到产品化的全方位支持。孵化器不仅可以提供物理空间，而且可以汇集资源，包括导师指导、资金对接、法律服务等。大学生不仅可以从中得到个性化指导，快速迭代项目，甚至可以直接对接投资人，缩短从创意到市场的距离，提高创新创业的成功率。

三、构建创新创业生态系统

构建一个全方位、多层次的创新创业生态系统，是推动高等教育与社会经济发展的关键举措，旨在培养具有创新创业精神和实践能力的未来领袖。这一生态系统围绕着资源整合、实践平台搭建、导师指导、企业合作、资金支持以及政策激励等多个层面展开，为大学生创新创业提供全链条、全周期的支持。高校应扮演资源供给者的角色，提供必要的硬件与资金支持，包括但不限于创新创业专项基金、场地租赁减免、设备共享等，为大学生减轻负担；设立创新创业中心或实验室，并将其作为创意碰撞与孵化的实体基地，提供基础设施，集成信息、技术咨询服务，让大学生在专业环境中快速起步；邀请业界资深人士、成功人士、行业专家和投资人加入导师团队，构建强大的智囊团。他们不仅带来了行业前沿洞察和实践经验分享，而且提供了人脉与资源的链接，通过工作坊、讲座、一对一辅导等形式，引导大学生深入理解市场动态，规划创新创业路径，培养大学生解决实际问题的能力。

校企合作是连接理论与市场的桥梁，通过校企合作项目，大学生得以直接参与企业运营、市场分析、产品开发等实际工作，体验真实的商业环境。共建实验室、研发基地等深度合作模式，则为大学生提供了更高端的实践平台。大学生不仅可以学习技术应用，而且可以体验团队协作、项目管理，为将来的创新创业打下坚实基础。创新创业基金和风险投资是助力项目成长的加速器，通过专业评审机制，甄别具有潜力的项目给予资金扶持，可以加快实现从概念到产品的跨越。这不仅解决了大学生创新创业的资金瓶颈，而且可以激励大学生进行更多创新创业尝试。同时，制定优惠政策，简化创新创业手续、给予税收优惠、提供补贴等，可以营造宽松的创新创业环境，让大学生创新创业的想法得以自由生长。

四、建立健全大学生创新创业激励机制

目前，很多高校设立了大学生创新创业专项奖学金，并搭配创新创业学分，通过这种形式最大限度地激励大学生进行创新创业，以促使大学生实现个人理想，提升个人价值。近年来，多所高校联合举办的大学生创新创业竞赛已

蔚然成风，成绩优异的创新创业团队以及指导教师都能够得到恰当的精神或物质激励。①这种形式也在潜移默化中不断推动大学生将创新创业想法、创新创业思维落实到行动上。调查研究也表明，成效良好的大学生创新创业工作室或创新创业团体，不仅提高了大学生创新创业的视野及实践能力，也将大学生创新创业教育以及大学生创新创业体系推向新的高度。

五、在校园文化中融入创新创业因素，培养大学生的创新创业素质

将创新创业元素以及大学生创新创业教育指导全方位、多维度地融入校园文化，是必不可少的有效的教育整改手段。首先，高校应该将学校文化组织部、大学生创新创业教育指导教师联合起来，以校园科技文化为载体，以科技创业、创新创业竞赛为主要内容，并依托各种高校校园科技竞赛、科技创新竞赛、创业创新竞赛、学术探讨交流会等校内竞赛形式，激发大学生的创新创业思维、夯实大学生创新创业理论知识，并通过校内微博、微信群、贴吧等构建大学生就业论坛、大学生创新创业论坛、大学生科技创新论坛等为大学生提供多元的创新创业渠道与学习途径，以切实有效提升大学生的创新创业能力。

其次，高校应最大限度地发挥校内社团的作用。高校应通过大学生科技社团、创新创业社团的建立与推广，将丰富、多元的科技创新知识与创新创业理论指导融入社团日常，进而通过这种形式拓展大学生的视野，激发大学生的创新创业思维，提高大学生的创新创业能力与科技创新能力，使社团内大学生成长为创新创业骨干分子，并充分发挥其示范作用。

最后，高校应该将各种大学生创新创业教育专题活动潜移默化地融入校园文化中，在晚会、竞赛、会演中融入创新创业相关知识、理论基础、精神建设，并以社会实践为纽带将大学生创新创业教育的目标、任务、内容以及要求全方位地展示给大学生，着力营造良好的创新创业环境，让大学生在具有浓厚创新创业氛围的校园文化中不断受到熏陶，从而提升自身的创新创业素质，为其后续发展夯实基础。

---

① 林壬璇，凌蕴昭."互联网＋"背景下大学生创新创业问题及对策研究[M].北京：中国书籍出版社，2024：126.

六、构建“互联网+创新创业”保障体系

在“互联网+”时代背景下，构建大学生创新创业保障体系不仅是对教育模式的革新，更是对人才培养机制的重塑，旨在通过科技力量，精准赋能教育，激发大学生的潜能，提升大学生的创新创业能力，促进大学生全面发展。依托“互联网+”平台，可以实施大学生创新创业教育的实时监测与数据驱动策略。通过在线学习管理系统，可以跟踪课程进度、实践参与度和学生反馈，即时了解教学效果；利用大数据分析技术可以挖掘大学生的学习行为模式，识别教学盲区和兴趣点，并据此灵活调整课程内容，引入热点案例，更新教学方法，确保教育内容和方法与大学生的需求和市场动态保持同步。①

高校要构建个性化教育体系，深化大数据应用，全面分析大学生的兴趣偏好、心理特质、行为习惯等，形成大学生个性化学习画像；设计创新创业指导计划，如导师制、项目制学习社区，匹配大学生的特长与项目需求，开展个性化项目指导，激发大学生的创新创业思维，鼓励跨学科交叉探索，同时利用智能推荐系统推送个性化学习资源，如在线课程、行业资讯，引导大学生实现自我提升，达成精准培养；完善质量保障链条，建立创新创业成果追踪机制，从校园延伸至社会；构建校友网络平台，强化与行业、企业的联系，定期收集毕业生创新创业进展、就业数据，如企业反馈、创新创业成功率、项目影响力等，形成质量监测指标；通过校友论坛、行业研讨会等渠道，促进经验分享，将反馈融入大学生创新创业教育的改进之中，形成持续的优化闭环，确保大学生创新创业教育与市场需求紧密对接，提升高校人才培养质量。

① 冯毅.基于“互联网+”的大学生创新创业教育策略[J].创新创业理论研究与实践，2022（22）：87-89.

第三章　大学生创新创业教育的运行机制

当今全球化进程加快与科技飞速发展，大学生创新创业教育的运行机制研究具有极为关键的重要性。创新创业已成为推动国家经济持续增长以及提升国际竞争力的核心动力源泉。大学生作为社会中最具活力与潜力的知识群体，其创新创业能力的有效培育能够为社会注入源源不断的活力，催生出新兴产业与商业模式，进而带动就业增长与经济结构优化。从学术层面而言，构建科学合理的运行机制有助于丰富大学生创新创业教育理论体系，拓展大学生创新创业教育教学方法与模式的研究边界。它为整合高校教育资源、协调多元主体之间的利益关系提供了理论框架与实践指导，促进了产学研深度融合，推动了知识创新与技术转移的高效实现，是高等教育从传统知识传授向创新创业人才培养转型的关键枢纽，对推动国家创新体系建设与高等教育现代化进程有着深远的战略意义与不可估量的社会经济价值。

第一节　大学生创新创业教育的内在契合机制

在科技飞速发展与经济全球化深化发展的时代背景下，大学生创新创业教育已成为高等教育领域的关键课题。而其中，创新教育与创业教育的内在契合机制就是驱动大学生创新创业教育蓬勃发展的核心引擎。创新是创业的灵魂源泉，赋予了创业项目独特的竞争力与生命力；创业则是创新的实践载体，将创新理念转化为切实的经济与社会价值。深入探究创新教育与创业教育的内在契合机制，不仅有助于高校精准构建科学高效的大学生创新创业教育模式，更能为培育适应时代需求、具有卓越创新创业精神与创新创业能力的大学生群体提供坚实的理论基石与实践指引。

一、创新教育与创业教育内在契合的表现

创新教育是创业教育的基础，创新教育把培养大学生对待陌生事物的应变能力和创新创业能力作为出发点，致力于培养大学生的创新意识和思维结构，将大学生培养成有创新思维、有思考能力的人才。在培养意识的同时，也要传授给大学生有实践性的知识技能，锻炼大学生的就业意识和创业心理，让大学生在进入社会时有所准备。创业教育可以提高大学生的就业成功率，可以转变大学生的就业观，维护社会的安全与稳定。创新教育的侧重点是对大学生的总体发展进行把控，侧重于对思维的培养，而创业教育则侧重于大学生自我价值的实现。

创新教育和创业教育两者具有相同之处和不同之处，是两个辩证统一的教育理念。两者的目标具有一定的趋同性，都是为了推动新时代的发展而努力。

二、创新教育与创业教育内在契合的措施

（一）构建融合式课程体系

1. 开发交叉课程

高校可设计一系列融合创新与创业知识的交叉课程，如创新型创业项目策划与管理。课程内容涵盖创新思维激发、创意产生方法、市场需求分析、商业模式构建、创业团队组建与管理以及创业风险评估与应对等多方面知识。通过案例分析、小组讨论、模拟项目等教学方式，大学生可以在学习过程中深刻体会创新知识与创业知识的相互关联性和协同作用。

2. 将创新模块嵌入创业课程

高校应在现有的创业课程体系中嵌入创新模块。例如，在创业基础课程中

增加创新技术趋势、产品创新设计原理、创新战略制定等内容，使大学生在学习创业基础知识时，同步了解创新如何驱动创业，明确创新在创业各环节中的关键地位，培养大学生运用创新思维解决创业问题的能力。

3. 设立创新实践课程与创业导向

高校应创建以创业为导向的创新实践课程。课程要求大学生以团队形式开展创新项目实践，在实践过程中，引导大学生从创业市场需求出发确定创新方向，运用所学创业知识评估创新项目的商业可行性，在创新实践中融入创业元素，如成本控制、营利模式设计等，实现创新与创业的深度融合。

（二）打造协同教学团队

1. 教师跨学科培训与合作

高校要组织教师参加跨学科的创新教育与创业教育培训，鼓励教师学习不同学科领域的知识和技能，如工程技术创新、商业管理、社会科学研究方法等，并在此基础上，建立教师合作教学机制，由创新教育教师和创业教育教师共同组成教学团队。在课程教学中，根据教学内容，教师可以相互配合，从创新理论讲解到创业案例分析，从创新实践指导到创业项目评估，为大学生提供全面且连贯的教学服务。[①]

2. 引进复合型师资人才

高校应积极引进既具有深厚创新研究背景又具有丰富创业实践经验的复合型师资人才。这些教师能够将自身的创新研究成果与创业实践经验融入教学过程，为大学生提供真实、生动而且具有深度的教学案例和实践指导。同时，他们还可以带动校内原有教师队伍的成长与发展，促进创新教育与创业教育质量的整体提升。

3. 建立教师创业实践激励机制

高校要鼓励教师参与创业实践活动，如让教师到企业挂职锻炼、参与创业项目投资或自行创办企业等，并要为教师提供相应的政策支持和资源保障，如时间安排、资金扶持、科研成果转化渠道等。教师通过创业实践，能够更好地

---

① 田合超.高校大学生创新创业教育探究[M].北京：中国纺织出版社，2023：95.

将理论知识与实际操作相结合，在教学中更精准地传授创新与创业的核心要点和关键技巧，提高创新教育与创业教育的实效性和针对性。

（三）营造一体化校园文化氛围

1. 举办融合创新与创业活动

高校可定期举办融合创新与创业内容的校园活动，如创新创业文化节。活动包括创新成果展览、创业项目路演、创新创业讲座、创新创业大赛等多种形式。在活动中，教师要强调创新成果在创业项目中的应用价值，以及创业实践对创新的推动作用，让大学生在参与活动的过程中，全方位地感受创新与创业的紧密联系，激发对创新与创业的热情和兴趣。

2. 建设创新创业实践基地

高校要打造集创新研发、创业孵化、实践教学于一体的创新创业实践基地。基地内部应设置创新实验室、创业工作室、项目路演厅、创业辅导中心等功能区域，让大学生可以在创新实验室进行技术创新和创意开发，然后在创业工作室将创新成果转化为创业项目，并在创业辅导中心的支持下，不断完善创业计划，进行项目路演和融资对接等活动。这样的实践基地建设，可以为大学生营造一个沉浸式的创新创业环境，促进创新教育与创业教育在实践层面的深度契合。

3. 设立创新创业社团与俱乐部

高校应成立创新创业社团与俱乐部，吸引具有不同专业背景和兴趣爱好的大学生参与。社团要定期组织内部交流、项目合作实践、企业参观学习等活动，在社团活动中鼓励大学生将创新想法与创业计划相结合，开展跨学科的创新创业项目研究与实践。同时，社团还可以邀请校内外创新创业专家、成功企业家等作为技术顾问，为大学生提供专业的指导和建议，进一步增强大学生对创新教育与创业教育内在契合的认知。

第二节 大学生创新创业教育的激励与调控机制

随着双创热潮的兴起，众多大学生积极投身其中，但若无有效的激励，其热情与创造力或难以持续迸发；若缺乏精准调控，就可能会偏离预期轨道。合理的激励机制能点燃大学生内心的双创火焰，从物质奖励到精神鼓舞，全方位地激发大学生的潜能。调控机制则能确保教育资源合理分配、教学方向正确无误，使大学生创新创业教育在规范有序的条件下不断优化提升，为培育高素质的创新创业人才奠定坚实基础。因此，构建大学生创新创业教育的激励与调控机制是十分重要的。

一、大学生创新创业教育的激励机制

（一）大学生创新创业教育激励机制的作用

大学生创新创业教育激励机制在培养具有创新创业精神和创新创业实践能力的高素质人才方面发挥着至关重要的作用。这一机制通过一系列精心设计的措施和策略，旨在激发大学生的创新创业潜能，提升其综合素质，进而推动社会的创新和进步。以下是对大学生创新创业教育激励机制作用的详细阐述。

大学生创新创业教育激励机制能够有效提升大学生对创新创业教育的参与度和积极性。在大学生创新创业教育中，大学生的主动参与和积极投入是其取得成功的关键。高校通过设立奖学金及创新创业基金、举办创新创业竞赛等措施，可以为大学生提供物质和精神上的双重支持，从而激发他们的创新创业热情。这些激励措施不仅让大学生看到了创新创业的潜力和价值，而且促使他们在实践中不断尝试和探索，逐渐培养出他们对创新创业的浓厚兴趣和坚定信念。

大学生创新创业教育激励机制有助于培养大学生的创新创业能力和素质。创新创业是一种需要综合能力和素质支撑的活动，包括创新创业思维、市场洞察力、团队协作能力、风险意识等。通过大学生创新创业教育激励机制的引导，大学生可以更加积极地参与创新创业实践，不断锻炼和提升这些能力和素质。例如，通过参与创新创业项目、接受导师指导、参加创新创业培训等活动，大学生可以深入了解创新创业的全过程，学习如何制订商业计划、进行市场调研、管理团队和财务等关键技能。这些经验和技能不仅对大学生的个人成长具有重要意义，也为他们未来的职业发展奠定了坚实的基础。

大学生创新创业教育激励机制还能够促进大学生创新创业教育的全面发展和完善。在大学生创新创业教育激励机制的推动下，高校会不断加大对大学生创新创业教育的投入和支持力度，包括优化课程设置、加强师资队伍建设、完善实践教学体系等。这些措施有助于构建一个更加开放、包容的大学生创新创业教育环境，为大学生提供更多元化、更高质量的创新创业资源和平台。同时，大学生创新创业教育激励机制还能够促进大学生创新创业教育与产业、社会的深度融合，推动产学研协同发展，为经济社会发展注入新的活力和动力。

更重要的是，大学生创新创业教育激励机制能够激发大学生的创新创业精神和创造力。创新创业是推动社会进步的重要力量，通过大学生创新创业教育激励机制的引导和支持，大学生可以更加勇敢地面对挑战和困难，不断尝试新的想法和方法，从而形成更加丰富的创新创业项目。这些创新创业项目不仅有助于解决社会问题，改善人们的生活质量，而且能够推动相关产业的转型升级和高质量发展。

除此之外，大学生创新创业教育激励机制还能够促进大学生创新创业教育的良性循环和持续发展。通过大学生创新创业教育激励机制的实施和效果评估，可以及时发现和解决大学生创新创业教育中存在的问题和不足，从而不断完善和优化大学生创新创业教育体系和教学方法。同时，大学生创新创业教育激励机制还能够激发大学生的创新创业热情，吸引更多的大学生参与创新创业教育，形成积极向上的创新创业氛围和文化。这种氛围和文化不仅能够激发大学生的创新创业潜能，而且能够为社会的创新和进步提供源源不断的动力和支持。

综上所述，大学生创新创业教育激励机制在培养大学生的创新创业能力、推动大学生创新创业教育的全面发展和完善、激发大学生的创新创业精神和创造力以及促进大学生创新创业教育的良性循环和持续发展等方面都发挥着重要作用。因此，高校应该高度重视大学生创新创业教育激励机制的建设和完善工作，为大学生提供更加优质、高效的创新创业资源和平台，为培养具有创新创业精神和实践能力的高素质人才作出更大的贡献。

（二）大学生创新创业教育激励机制的构建原则

从大学生创新创业教育的发展来看，其动力是来自多方面的，既受师生、高校的影响，又受政府的影响，所以在对其激励机制进行构建时，要以一定的原则为基准，确保大学生创新创业教育的真实力量能够得到充分发挥。在构建大学生创新创业教育激励机制时，应当遵循以下主要原则。

1. 维护各方动力的动态平衡原则

对各方动力进行动态平衡维护，主要包括两个方面：一是保证各方动力相互适应、相互配合，共同推动大学生创新创业教育，而且在推动程度上也要尽量保持一致；二是目标和发展方向要保持一致。之所以要重点关注这两个方面，是因为在推动大学生创新创业教育时，不同主体的动力不同，而从寻求最优的角度而言，并不是动力越强效果就越好。

从宏观的角度而言，如果高校对大学生创新创业教育的推进动力比政府要小，高校就会对原来的教学计划进行调整，这对于高校自身发展而言是不利的，而且对于其他学科的教学也会产生一定的影响。如果高校的动力比政府更大，政府和社会可能就不会在意大学生创新创业教育的发展，导致大学生创新创业教育资源配置不足以满足需要。

从微观的角度来看，之所以会有动力失衡的情况出现，是因为师生内外动力的发展不匹配，在实施大学生创新创业教育时会产生阻碍，不能顺利推进。如果各方对于最终的发展方向和目标的追求不同，哪怕动力平衡也没有用，在进行大学生创新创业教育时仍旧不会顺利。[①]综合看待这个问题会发现，在进行大学生创新创业教育时，高校对于理论性的内容会投入更多，而政府和社会机构则更加关注实践情况，这就导致双方的目标和方向不完全不同，进而造成资源配置的不合理、不平衡，最终达不到培养高素质人才的目标。

如果高校能够更加重视如何提升教学质量和水平的话，教师就会想方设法

---

① 陈璐平.浅谈高职院校大学生创新创业激励机制的构建[J].广东蚕业，2018，52（12）：34，36.

提高自己的实际教学水平。在这种情况下，高校会制定考核评价准则。如果在理论规划方面，教师和高校的目标不一致，那么大学生创新创业教育相关理论研究的水平和教育质量水平将不能得到保证。与之类似，如果在大学生创新创业教育方面，高校更关注如何激发理念认同，就会导致大学生在提升自己的综合素质和创新创业能力方面花费更多精力，从而让大学生觉得，此前高校在教育方面进行的一些课程规划和训练规划并不能与自己的实际需求相匹配，最终进一步导致资源配置失衡，影响大学生创新创业教育的最终效果。

总而言之，要想在大学生创新创业教育的过程中，保证各方的动力能够保持动态平衡，就要走科学发展道路，按照大学生创新创业教育的发展规律进行相关设置。不管是从微观的角度还是宏观的角度来看，即使在出发点、关注重点等方面各有不同，高校、师生和政府也应该互相适应、配合，最终形成一种良性协调关系。在推动大学生创新创业教育的发展方面，只要能够确保各方的方向和目标始终保持一致，就能达到理想的动态平衡。要想让大学生创新创业教育顺利运行，各方的努力和配合都很重要，因此要积极协调各方进行动力培育转化。

从宏观的角度来看，虽然可以使用很多方法对大学生进行培养，但如果希望将政府的转型升级当作导向动力，并将其与大学生创新创业教育发展充分结合，那么政策引导以及对资源的合理配置就十分重要。从微观的角度来看，能够提升大学生的综合素质和开发大学生能力的方法多种多样，如果希望把高校对大学生创新创业教育推进的动力最终转化成大学生自己的动力，就需要通过特定载体的开发培育达到动力转化的目的。

从大学生创新创业教育的实际情况出发，隐性的载体既包括在大学生积极参与高校组织的创新创业文化活动时，鼓励、支持大学生，又包括大众方面对于创新创业活动的尊重和认同。显性的载体则更加多样，如高校制定的奖惩规定、政府推出的鼓励政策，还有社会机构提供的一些物质及经费支持等。只有做到让各方动力和不同层面的主体在大学生创新创业教育的过程中，都能积极主动地参与实际工作，同时合理引导来自不同层次主体的动力，并加以推动和进一步强化，才能推动大学生创新创业教育的实施，并使其达到理想状态。

2. 防止各方动力的异化发展原则

一旦在大学生创新创业教育中出现方向偏离或者力度把控不够的问题，就很容易发生异化现象。应试化、工具化就是动力异化的主要表现。在大学生创新创业教育的推进过程中，政府和社会机构会忽略教育本身的价值规律，而对其短期成果过分关注，认为这是进行社会转型升级、提供创新创业机会的工具，这种现象就是典型的教育工具化。因为这种错误的引导，有的高校会忽略创新理念方面的教育推进，只关注大学生在理论方面的学习成绩，这也与全面自由的育人观念相违背。

通过考试这种十分传统的考核方式，对大学生的创新创业活动结果进行有限评估，是应试化的典型表现。这样做并不能对大学生的综合素质和创新创业认知进行清晰且正确的评估，还会在一定程度上打击大学生的热情和积极性。所以，在坚持大学生创新创业教育目标的同时，高校一定要把全面育人的理念贯穿始终，构建起具有特色的课程理论教学方式和科研方式，同时将各方的建议进行有效结合，及时沟通交流，对大学生创新创业教育的本质特点和发展规律进行深刻的认识和总结，以便制订更加合理的培养方案。

（三）大学生创新创业教育激励机制构建策略

在综合分析大学生创新创业教育所存在问题的基础上，我国大学生创新创业教育激励机制的构建可本着宏观与微观结合以及外部与内部互构的两种思路，着重从以下几个层面入手。

1. 培养大学生的创新创业意识与能力

大学生是实施创新驱动发展战略和推进大众创业、万众创新的主力军，因而必须将创新创业意识真正根植于大学生内心以指导其行动，提高大学生的创新创业能力。

（1）增强大学生的创新创业意识

国家十分重视大学生创新创业教育的学科地位，除了在校园开展大学生创新创业常规课程外，还鼓励开展相关的实践项目和社团活动，将创新创业活动与大学生的学习生活有机融合，并且在全国开展高校创新创业宣传工作，建立健全大学生创新创业服务网络平台，提供信息传递、政策解读等导向型服务；

高校要充分利用传统媒体和微博、微信等新媒体营造创新创业氛围，同时重点关注平台反馈，聆听大学生的心理诉求，实时掌握大学生创新创业意识的发展动向，并从大学生的兴趣点入手，引领大学生对于未知行业和技能进行积极探索，解除他们受传统观念影响追求“铁饭碗”而畏惧创新创业的思想束缚以及心理藩篱，还要培养当代大学生勇于开拓的良好品质，锻炼其思维方式，激发其创新创业信心，并使创新创业追求成为大学生的普遍共识，为大学生今后的创新创业实践打下良好的思想基础。

（2）提高大学生的创新创业能力

目前大学生群体中广泛存在“学历崇拜”热潮和“能力本位”淡化的问题，导致大学生难以将创新创业意识转化为实践行动，因此亟须“摆正”大学生知识运用和创新创业能力建设的重要地位。人才资源现已成为推进“双创”战略的重要力量，提高大学生的创新创业能力成为为社会创造价值的关键所在。大学生能力的形成是一个长期、动态和复杂的过程，包含着由知识到技能再到能力的曲折转化机理。实践作为联系三者的纽带，在其中起到了关键作用（见图3-1）。高校作为人才建设和科学创新的重要场所，需要树立明确的“双创”目标，把“双创”战略纳入教学计划，积极组织大学生创新创业团队与大学生创新创业竞赛，给予大学生更多与国内外企业和高校合作交流的机会，营造良好的氛围。大学生作为创新创业的主体，需要更加主动、有意识地提高自身综合素质，在平常的学习中汲取科技创新和自主创业所需的专业知识，培养自身的创新学术精神和全方位的能力修养，大胆进行自主创造和自主研究，积极参与大学生创新性实验计划项目，形成“学术思辨＋创新训练＋创业实践”的自我提升路径，真正为社会发展贡献自己的力量。

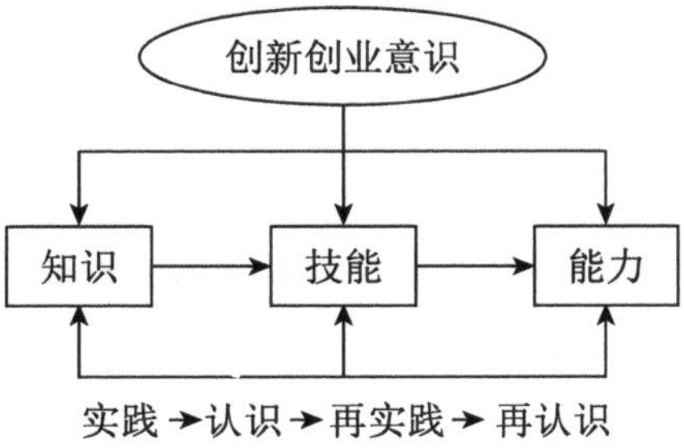

图3-1　大学生创新创业能力体系

2. 深化大学生创新创业教育体制改革

（1）推进传统教育与大学生创新创业教育的互补共融

为落实大学生创新创业教育，高校应不断更新教学理念，与时俱进，在完成传统的专业课程教学的基础之上，建立完善高校学科专业、类型、层次的动态调整机制，实现传统课程与大学生创新创业教育的有机融合，培养更多高层次的创新创业人才。高校应在保证大学生对专业知识掌握的前提下，在课程设置上扩展教学内容，挖掘教学深度，深化教育教学改革。具体而言，高校需加强实践教学，重视实习实训，引入职业教育机制，深化创新创业实践，实施大学生创新创业训练计划，办好各级各类创新创业竞赛，完善产学研结合的协同育人模式，从根本上持续增强大学生的创新创业精神、创新创业意识和创新创业能力。

（2）完善大学生创新创业教育体制反馈和评估体系

除了在前期积极推动大学生创新创业教育工作，各大高校还要建立并完善大学生创新创业教育反馈和评估机制，成立专业化的评估队伍，及时提交评估信息，在每年年底前编制和发布创新创业成果年度报告，并保证大学生创新创业总结报告的科学性、及时性和真实性，保证客观地反映现有情况的不足以待不断改进。高校还要通过对各学院大学生的创新创业意向、创新创业率、创新创业类型、创新创业满意度、创新创业社会效益和创新创业发展前景相关情况的考察，进一步完善学科专业预警与退出机制，健全就业与招生计划、人才培养、经费拨款、院校设置、专业调整的联动机制，科学考评教师工作绩效，并严抓高校中创新创业政策的执行情况，唱响“强督查、抓整改、健机制、促落实”的主旋律，真正提高大学生的创新创业实效。

3. 完善校内外大学生创新创业支持体系

为了在真正意义上对大学生创新创业给予支持，高校应完善校内与校外针对大学生群体的创新创业支持体系，从物质与精神两个方面对大学生创新创业给予激励。例如，高校可在校内建立专业的创新创业保障工作部门，由校内中层领导担任部门管理者，负责制订大学生创新创业指导方案，并定期与地方政府对接，向社会各界与公益部门进行人才宣传，以此种方式获取多部门为高校提供融资服务或融资担保。在此过程中，高校应允许外部企业通过与教育体系合作的方式，主动充实校内创新创业教育队伍，解决大学生创新创业资金保障不足的问题。同时，高校也可通过定期举办大型校友节的方式，邀请历年毕业生或退休教师参与活动，鼓励他们对大学生创新创业教育进行投资，以此实现大学生创新创业的资金保障。

在此基础上，高校应重视对大学生申请创新创业基金的立项决策与考核，主动评审项目的可行性。当大学生提出申请创新创业资金时，高校需要对大学生的创新创业能力、综合需求进行评估，并对大学生提出的创新创业项目进行专家审核。一旦审核通过，高校应进行赞助资金支取程序的最大程度简化，通过此种方式实现对大学生创新创业的精神激励。同时，高校可建立针对大学生的信用评估机制，根据大学生在学习或生活中的日常表现与行为，对大学生个人的职业能力、职业道德、职业标准进行评估，将评估结果与通过评估获得的大学生创新创业优势等信息集中整理、发布在校园公开网站中。各地企业或投资人都可以通过检索公开网站的方式，主动获取大学生的个人信息，从而进一步了解大学生的创新创业能力，更好地对大学生进行赞助与投资。综上所述，高校要通过多种渠道，对创新创业资金进行补充，并充分利用校外资源，对大学生创新创业给予支持、帮助，从而实现校内外大学生创新创业支持体系的完善。

4. 建立校内大学生创新创业指导与服务中心

高校可在校内建立面向存在创新创业意向的大学生的创新创业指导与服务中心，在校内对大学生创新创业进行宣传。高校可以借助校内广播、媒体、平台、校报等渠道，进行相关工作的宣传，并定期由大学生创新创业指导与服务中心发布创新创业制度变革的相关信息，以这种方式在校内营造一个相对良好的创新创业氛围。①同时，高校可在创新创业指导过程中建立一个针对市场不同行业发展的风险反馈机制，由校内专业的市场调研人员定期进行行业发展数据的获取，根据获取的数据进行行业发展风险、行业发展能力的专项评估，并将评估的真实结果反馈给大学生，使大学生能及时了解行情，做好对自身创新创业发展规划的调整。总之，要实现对大学生创新创业的激励，就需要高校给

① 谭玉，李明雪，吴晓旺.大学生创新创业政策的变迁和支持研究——基于59篇大学生创新创业政策文本的分析[J].现代教育技术，2019，29（5）：112-118.

大学生提供足够的信息作为支撑，并做好大学生创新创业的后勤辅助工作，使大学生在进军创新创业市场时没有后顾之忧。

5. 创设高校和社会各界的多元协作网络

为真正调动高校深化大学生创新创业教育改革的积极性和大学生创新创业的主动性，有必要探索和创设高校和社会各界的多元协作机制。第一，政府支持。政府需进一步完善及落实支持大学生创新创业的相关政策法律，着重落实工商登记、税费减免、创业贷款等优惠政策和资金支持，为大学生创新创业开辟“绿色通道”。第二，高校推动。高校原则上要向全体大学生开放科研设施和仪器设备等，优先展示大学生的创新创业成果，并为其提供科学技术支持，同时要为大学生提供创新创业园地、科技园地、创新创业孵化基地等平台，积极整合相关资源，孵化一系列创新创业项目，通过政府支持、高校自设、校外合作、风险投资等多渠道筹措资金，推动大学生自主创新创业进程。第三，企业助力。具体而言，企业要主动组织人事部门进校园宣讲，举办各类创新创业活动，积极引导大学生创新创业成果与市场对接，加速产出大学生创新创业项目，鼓励在不同地区的校企和高校之间联合搭建跨区域、跨行业、跨类别的综合性创新创业信息资源平台，推动资源共享，拓宽创新创业渠道，并由此积极探索构建政、行、企、校、研协同推进大学生创新创业教育激励机制的建立，形成校地协同、校校协同、校企协同、教科融通、汇聚合力的创新创业育人机制，形成以提高大学生的创新创业能力和创新创业素质为目的的保障支持体系。

二、大学生创新创业教育的调控机制

大学生创新创业教育的调控机制，是建立在对大学生创新创业教育情况的科学调研及问题矛盾的准确研判的基础之上的。大学生创新创业教育调控机制的建构首先在于建立具有科学性、可行性的调查评估环节。构建针对大学生创新创业教育的调查评估环节，重点在于回答“谁来调查评估”“调查评估什么”以及“如何调查评估”三大问题。

（一）调查评估环节的主体

由于大学生创新创业教育实践活动丰富，涉及多个部门，在大学生创新创业教育调查评估环节，必须明确由谁来进行调查与评估，明晰责任主体。对大学生创新创业教育的调控其本质上是大学生创新创业教育领导决策机构的总体管理和干预，是为了促进资源在大学生创新创业教育不同环节的有效配置，保持大学生创新创业教育总体平衡发展。因此，对大学生创新创业教育的调查评估信息要反馈至大学生创新创业教育工作领导机构和专家（学术）委员会两个决策主体。为提高调查评估所得信息的反馈效率，确保矛盾问题的及时化解，本书提出在两个决策主体内部分别设立运行调查评估部门。这样的设置不仅有利于提高调查信息反馈效率，还能够确保调查评估机构在实际调查评估过程中的权威性，同时还有助于将两个决策主体的工作思想与价值导向有效贯彻到调查评估工作中。与此同时，为确保调查评估信息反馈的客观性，本书提出适时引入校外第三方调查评估机构，将之作为校内调查评估工作的重要补充。综上所述，大学生创新创业教育调控机制中调查评估环节的工作主体有三个，分别是由大学生创新创业教育工作领导机构直接负责的调查评估部门、由专家（学术）委员会直接负责的调查评估部门以及校外第三方专业调查评估机构。虽然三者的工作性质相似，而且同时开展工作，但其侧重点有所不同：由大学生创新创业教育工作领导机构直接负责的调查评估部门重点负责调查评估大学生创新创业教育宏观层面的情况，包括整体投入、资源分配等；由专家（学术）委员会直接负责的调查评估部门重点负责调查评估大学生创新创业教育微观层面的情况，包括师生的主观感受及意见、课程组织运行、教学内容等；校外第三方专业调查评估机构重点负责调查评估大学生创新创业教育的整体运行成效。

（二）调查评估环节的对象及内容

在回答“谁来调查评估”的问题后，就要重点来解答“调查评估什么”的问题。在大学生创新创业教育中，参与主体包括教师与大学生，育人载体包括各类大学生创新创业教育显性课程与隐性课程，投入大学生创新创业教育的核心资源包括经费、场所、师资、管理人员、实践基地，大学生创新创业教育的成效主要体现在大学生认知的提升与能力的锻炼、教师参与大学生创新创业教育研究的成果。对于大学生创新创业教育情况的调查应当从参与主体、育人载体、投入情况、整体成效四个方面开展，四个方面各有侧重。对参与主体的调查主要是了解教师、大学生对现行大学生创新创业教育情况的主观态度，通过访谈等形式了解并梳理汇总亲身参与大学生创新创业教育的师生的意见和建议；对育人载体的调查关键是对现行大学生创新创业教育课程内容、教学方式等的评估和对课程组织运行情况的监测；对投入情况的调查重点是了解人力、物力、财力等资源在大学生创新创业教育各个环节的配置情况；对整体成效的调查核心是了解参与大学生创新创业教育培训的大学生创新创业自我效能感、意愿等的提升情况，以及创新创业知识及实践能力，评估参与大学生创新创业教育研究与教学的教师的工作成效。总体来说，大学生创新创业教育情况的调查评估对象涵盖大学生创新创业教育参与主体、育人载体、投入情况、整体成效四个方面，因此，在其运行情况调查评估环节应当建立相应的四位一体的多元化的调查评估体系，以更加全面地获取大学生创新创业教育的相关信息，为决策系统提供更为全面的信息反馈。

（三）调查评估环节的途径及方式

在形成明确的调查评估对象及信息获取需求的基础上，还必须形成相应的调查评估途径及方式，即回答“如何调查评估”的问题。在针对参与主体的调查评估环节，所需获取的信息侧重于参与大学生创新创业教育的教师与大学生的主观体会与感受，因此需要设计较为合理和有针对性的访谈提纲，通过结构性访谈的方式，对参与主体进行可靠性可控的标准化抽样访谈，并对访谈信息进行梳理分析，总结凝练出参与主体对现行大学生创新创业教育的总体感受及主要建议。在针对育人载体和资源投入的调查评估环节，由于所调查评估对象是客观存在的事实，应当建立明确的调查评估指标体系，如将必修、选修及辅修课程开设数量，隐性课程覆盖范围等纳入育人载体调查评估体系，将教学管理人员数量、高水平（学历）师资数量、经费投入情况、基地建设情况等纳入资源投入调查评估体系，可通过建立规范的大学生创新创业教育数据统计制度，及时、有效地向调查评估机构提供指标体系中所涉及的具体数据信息。在针对整体成效的调查评估环节，对受教育大学生应当建立科学合理的创新创业自我效能感及意愿的测量量表，通过在不同教学阶段、面向不同受众群体的认知测量，获取必要的数据信息，帮助决策机构掌握大学生创新创业教育对大学生的有效作用程度；对教师教学科研成果的调查评估则需要围绕授课课时、编写教材、发表论文、申报课题等核心内容设计专门指标体系，在微观上了解教师在大学生创新创业教育教学科研过程中的个体现状，在宏观上掌握高校在大学生创新创业教育教学科研过程中的整体成效。

（四）大学生创新创业教育调控机制的协调完善环节

大学生创新创业教育调控机制的协调完善环节主要是基于调查评估主体的反馈信息，协调各个方面对前期确定的工作目标、行动计划等进行合理完善，实现对大学生创新创业教育发展的优化调整。大学生创新创业教育涉及教务、科研、学工、团委等多个部门以及部分与大学生创新创业教育紧密相关的院系。调控机制的调查评估环节所反馈的信息同样会涉及多个部门，根据反馈信息对前期工作目标及行动计划等的调整及完善也必然涉及多个部门。基于以上分析，本书认为大学生创新创业教育调控机制的协调完善环节的核心是解决跨部门协商合作的问题，而研究协调完善环节的关键即在于研究促进大学生创新创业教育跨部门协商合作策略。巴达赫（Bardach）对跨部门协商合作的实现路径进行了深入研究，他提出跨部门协商合作取得成效的条件包括资源调配、资源支撑、管理手段、合作文化等，其中资源调配、资源支撑等均是跨部门合作需要从组织层面解决的问题，管理制度、合作文化等均是跨部门合作需要从制度层面解决的问题。借鉴巴达赫的跨部门合作理念，本书认为大学生创新创业教育调控机制的协调完善环节的构建需要从组织建设和制度建设两个层面推动。

1. 组织建设层面的协调完善环节构建策略

大学生创新创业教育跨部门协商合作首先面临的是利益不平衡、目标不统一等问题，如教务部门更关注显性课程的运行，共青团组织更关注隐性课程的运行，一旦两个部门缺乏协商合作，将会导致显性课程与隐性课程不匹配，进而影响到大学生创新创业教育的整体效果。因此，必须成立具有权威性的管理组织以应对跨部门协商合作过程中群龙无首的不利局面。结合我国高校实情，本书认为依托分管校领导、相关职能部门及院系负责人成立的大学生创新创业教育工作领导机构即为大学生创新创业教育跨部门协商合作的权威性管理机构，具体管理与大学生创新创业教育相关的职能部门及院系的合作行动，其职能重点是打破不同部门之间的合作壁垒，加强各个部门之间的信息沟通，保障各部门意见的充分表达与讨论，确保最终行动的一致性。高校领导的加入有利于确立跨部门协商合作管理机构的权威性，同时有助于大学生创新创业教育相关资源的争取。相关职能部门及院系负责人的加入，一方面能够促进各自所代表部门或院系的合作；另一方面有助于相关部门及院系对工作领导机构达成共识的意见进行贯彻落实。在工作领导机构这一权威性跨部门管理组织成立的基础上，可以通过联席会议、协议性文件等多种方式推动大学生创新创业教育的跨部门协商合作。

跨部门协商合作过程中效率最低且最容易导致矛盾的是多个部门工作之间的重叠交叉。为解决因工作职责不明晰造成的跨部门合作障碍，一是要尽可能明晰跨部门协商合作过程中各个部门的职责边界，通过联席会议决议、工作协议性文件等方式将各部门分工情况予以明晰并制度化；二是对于职责边界模糊且难以简单分割的工作，要明确职责主辅部门，即明确该部分工作的牵头部门和配合部门，并对相应的协商流程、协商方式等予以明确，同时重点加强职责边界难以划分的相关部门之间的信息传达与反馈，通过加强信息沟通，避免工作冗余或工作矛盾。

2. 制度建设层面的协调完善环节构建策略

大学生创新创业教育调控机制中的协调完善环节除须依托科学合理的组织架构外，还需要从制度层面将协调完善工作稳定化、固态化。大学生创新创业教育跨部门协调制度既包括正式制度，如高校的章程、文件等，又包括非正式制度，如高校的文化、传统等。换言之，大学生创新创业教育的跨部门协商合作的规范化、可持续化需要规章制度、协议文件等正式制度的刚性保障，也需要合作文化、信任文化等非正式制度的柔性保障。

就跨部门协商合作的刚性保障而言，由于不同部门之间的利益、目标等难以保持一致，仅仅依靠口头协议、个人关系等难以规范各部门的行为及关系，即便是解决了相关问题，也难以持久化。创建并出台获得所有协商合作部门认同、规则完善清晰明确的制度，通过具有强制力的手段能够规范各部门的行为与关系，确保协商合作的可靠性与可持续性。构建具有强制力的大学生创新创业教育跨部门正式制度需要注意两个方面：一是要明确制度制定机构。一般而言，制度的制定者应是最高决策机构，即高校大学生创新创业教育工作领导机构和专家（学术）委员会。这两个决策主体根据其决策范围，侧重于不同领域跨部门协商合作制度的制定。大学生创新创业教育工作领导机构着重对与大学生创新创业教育工作相关的职能部门的跨部门协商合作制度的制定，专家（学术）委员会则着重对与大学生创新创业教育工作相关的教学及科研机构的跨部门协商合作制度的制定。二是要形成一致的制度体系。由于大学生创新创业教育决策主体并不唯一，所制定的制度有可能标准要求不同，或形成冲突与矛盾，因此在构建跨部门协商合作制度时，必须保持双方充分的沟通，制定规范化、一致性的制度体系。三是要建立制度执行的监管机制，充分调研并了解各职能部门、各教学及科研机构在工作实践中执行跨部门协商合作制度的情况，通过预警、问责等有效手段推动相关协商合作制度的贯彻落实。

就跨部门协商合作的柔性保障而言，合作文化和信任文化的构建一方面需要以共同的价值理念为基础，通过在不同部门之间建立价值理念的共识，以共同的价值理念为纽带，引导各部门站在整体利益的角度设计自身行为、制定各自目标；另一方面需要以协商机制、沟通平台、对话渠道等的搭建，帮助各个部门建立常态化的沟通对话机制，通过持续的信息共享，形成良性合作氛围，建立部门间的默契。构建大学生创新创业教育跨部门协商合作的合作与信任文化，一是要加强各相关部门之间的交流沟通，建立常态化的对话联系渠道，及时交换双方或多方意见，通过有效互动与长期沟通建立合作部门之间的信任；二是要强化各部门负责人的合作意识，部门负责人对与其他部门的合作态度直接关系到合作的效果及程度；三是要构建有利于协商合作的文化生态，依托对大学生创新创业教育共同价值理念与目标的追求，建立大学生创新创业教育工作各相关部门及机构的统一行动指南，通过文化生态建设培养合作部门之间的凝聚力与向心力，促使各部门及机构形成协商合作的行为习惯。

第三节　大学生创新创业教育的管理决策机制

随着社会对创新创业人才的需求持续攀升，构建科学有效的大学生创新创业教育管理决策机制尤为关键。大学生创新创业教育的管理决策机制指引着大学生创新创业教育的方向，协调着各方资源，整合多元力量。构建合理的管理决策机制，能够精准地规划课程体系、调配师资力量、搭建实践平台以及营造良好的创新创业氛围，从而激发大学生的创新创业潜能，提升其创新创业能力，为社会培育出富有创造力与实干精神的创新创业先锋，促进经济社会可持续发展。

一、大学生创新创业教育管理决策机制的构成

大学生创新创业教育管理决策机制是由两个主体构成的。第一个主体是大学生创新创业教育工作领导机构，由高校的行政管理层人员组成；第二个主体是大学生创新创业教育专家委员会，它的成员大部分是大学生创新创业教育研究者或是教育专家。如果想要高效、有力地执行管理决策机制，就要在其构建过程中重点关注管理决策机制中主体的定位以及决策权力的分配。

大学生创新创业教育管理决策机制的两个主体是分工明确、各不相同而且相对独立的。其中，大学生创新创业教育工作领导机构负责对大学生创新创业教育的整体把控，负责整体规划，全面把控大学生创新创业教育的物资、经费还有其发展方面，需要对资源的整合与分配、经费的投入占比、市场的预期与调研和大学生创新创业教育的整体发展规划进行决策。大学生创新创业教育专家委员会是大学生创新创业教育的具体事务管理者，专门负责教学内容、方法的确定以及教师的培训等。总体而言，大学生创新创业教育工作领导机构重点关注的是未来发展与资源分配等宏观范畴的问题，而大学生创新创业教育专家委员会关注的重点是理论研究、活动开展、相关培训等微观范畴的问题。

大学生创新创业教育工作领导机构和大学生创新创业教育专家委员会虽然相互独立，分工也各有侧重，但是二者之间也有非常紧密的联系。大学生创新

创业教育工作领导机构负责整体调控，为大学生创新创业教育专家委员会提供政策支持，而大学生创新创业教育专家委员会可以根据教学的实际情况为大学生创新创业教育工作领导机构提供建议。同时，大学生创新创业教育工作领导机构可以通过对大学生创新创业教育进行整体规划，来有效提高大学生创新创业教育专家委员会的工作成效，而大学生创新创业教育专家委员会则可以通过调整研究方向、转变管理思路，来提高大学生创新创业教育目标的实现程度。因此，要想使大学生创新创业教育更加合理、专业、高效，大学生创新创业教育工作领导机构与大学生创新创业教育专家委员会就要协同配合。

大学生创新创业教育管理决策过程包含两个方面：一是党委行政决策；二是学术教学决策。建立大学生创新创业教育管理决策机制，需要明确这两个方面涉及的范围、程度、对象，明晰其在管理决策机制中的作用。首先，要保证大学生创新创业教育工作领导机构能够掌握全局，在整体规划中作出正确的决策，确立未来的发展方向；其次，要确保大学生创新创业教育专家委员会在教学等事务中取得最佳的效果，并将结果及时反馈给大学生创新创业教育工作领导机构。在管理决策过程中，两个主体需要合理分工，共同推进大学生创新创业教育的发展。

二、大学生创新创业教育管理决策机制的构建原则

在当今全球化和信息化快速发展的时代背景下，大学生创新创业教育已成为推动社会进步和经济发展的重要力量。为了有效培养大学生的创新创业能力，高校需要构建一套科学、合理、高效的教育管理决策机制。这一机制的构建应遵循一系列原则，以确保其能够真正服务于学生的成长和社会的需求。以下是对大学生创新创业教育管理决策机制构建原则的详细探讨。

（一）以学生为中心的原则

1. 个性化培养

大学生创新创业教育管理决策机制应以大学生为中心，注重大学生的个性化需求和发展。每个大学生都有自己的兴趣、能力和职业规划，因此，教育决策应充分考虑大学生的个体差异，提供多样化的教育资源和培养方案。例如，

可以设立创新创业导师制度，为大学生提供一对一的指导和支持，帮助他们根据自己的兴趣和特长选择适合的创新创业方向。

2. 激发大学生的潜能

大学生创新创业教育旨在激发大学生的创新创业思维和创新创业潜能。因此，大学生创新创业教育管理决策机制应鼓励大学生积极参与创新创业实践，为他们提供丰富的实践机会和平台，通过组织创新创业竞赛、创新创业项目孵化等活动，让大学生在实践中学习、成长和锻炼，培养他们的创新创业思维、团队协作能力和市场反应的敏锐度。

3. 关注大学生的反馈

大学生是创新创业教育的直接受益者，他们的反馈对于改进大学生创新创业教育管理决策机制至关重要。因此，应建立有效的反馈机制，定期收集大学生对创新创业教育的意见和建议，及时调整和优化大学生创新创业教育的内容和方式。同时，还应关注大学生的就业和创业情况，为他们提供必要的职业规划和就业指导服务。

（二）创新驱动发展的原则

1. 鼓励创新创业思维

大学生创新创业教育管理决策机制应鼓励创新思维，推动大学生创新创业教育的内容和方法不断创新。通过引入新的教育理念、教学方法和评估体系，激发大学生的创新思维和创造力。例如，可以引入翻转课堂、项目式学习等新型教学模式，让大学生在主动学习和实践中培养创新创业思维和解决问题的能力。

2. 促进学科交叉融合

大学生创新创业教育需要跨学科的知识和技能的支持。因此，大学生创新创业教育管理决策机制应促进不同学科之间的交叉融合，为大学生提供多元化的知识背景和技能组合，通过设立跨学科的创新创业课程、组织跨学科的创新创业团队和项目，培养大学生的跨学科思维和团队协作能力。

3. 加强产学研合作

产学研合作是推动大学生创新创业教育发展的重要途径。大学生创新创业教育管理决策机制应加强与产业界、科研机构和社会的合作，共同推动创新创业教育的深入发展，通过与企业合作开展创新创业项目、邀请企业家和专家担任导师或讲座嘉宾、组织大学生参加创新创业竞赛和展览等活动，为大学生提供更多的实践机会和资源支持。

（三）开放合作与资源共享的原则

1. 建立开放的教育平台

大学生创新创业教育管理决策机制应建立开放的教育平台，为大学生提供丰富的教育资源和信息，通过建设在线课程、开放实验室、创新创业数据库等，让大学生可以随时随地获取所需的知识和技能；同时，还应鼓励大学生积极参与在线学习、交流和合作，拓展他们的视野和思维方式。

2. 促进资源共享与优化配置

大学生创新创业教育管理决策机制应促进教育资源的共享和优化配置，提高资源利用效率，通过整合校内外的教育资源，建立资源共享机制，为大学生提供更多的实践机会和资源支持；同时，还应加强对教育资源的评估和管理，确保资源的优化配置和有效利用。

3. 加强国际合作与交流

在全球化背景下，加强国际合作与交流对于推动大学生创新创业教育的发展具有重要意义。大学生创新创业教育管理决策机制应鼓励师生积极参与国际创新创业竞赛、学术会议和交流活动，拓宽他们的国际视野和思维方式；同时，还应加强与国外高校和企业的合作与交流，共同推动大学生创新创业教育的国际化发展。

（四）科学评估与持续改进的原则

1. 建立科学的评估体系

为了确保大学生创新创业教育的质量和效果，大学生创新创业教育管理决策机制应建立科学的评估体系，通过制定明确的评估标准和指标，对大学生创新创业教育的各个方面进行定期评估和分析。评估结果应作为改进大学生创新创业教育管理决策机制的重要依据，为优化教育内容和方式提供指导。

2. 注重过程评估与反馈

除了结果评估外，大学生创新创业教育管理决策机制还应注重过程评估与反馈，通过收集大学生在学习过程中的表现和反馈意见，及时发现和解决教育过程中存在的问题和不足；同时，还应建立有效的反馈机制，鼓励大学生积极参与评估过程，提出宝贵的意见和建议。

3. 持续改进与优化

大学生创新创业教育管理决策机制应是一个持续改进和优化的过程，通过定期评估和分析大学生创新创业教育的质量和效果，及时调整和优化大学生创新创业教育的内容和方式；同时，还应关注社会需求和行业发展趋势的变化，及时调整大学生创新创业教育管理决策机制的方向和目标，通过持续改进和优化，确保大学生创新创业教育能够始终适应社会的需求和大学生的发展。

（五）保障与支持的原则

1. 加强政策支持与资金保障

为了深入推进大学生创新创业教育发展，大学生创新创业教育管理决策机制应加强政策支持与资金保障，通过制定相关政策和措施，为大学生创新创业教育提供必要的政策支持和资金保障。例如，可以设立创新创业基金、提供创新创业贷款和税收优惠等，鼓励大学生积极参与创新创业活动。

2. 完善教育管理与服务体系

大学生创新创业教育管理决策机制应完善教育管理与服务体系，为大学生提供全方位的支持和服务，通过建立健全的教育管理制度和流程、提供优质的教育资源和服务、加强师生交流与合作等方式，为大学生创造一个良好的创新创业环境；同时，还应关注大学生的心理健康和职业发展需求，为他们提供必要的心理支持和职业规划指导服务。

3. 加强师资队伍建设

教师是大学生创新创业教育的关键力量。大学生创新创业教育管理决策机制应加强师资队伍建设，着重提高教师的专业素养和教学能力，通过引进优秀的创新创业导师、加强教师培训和发展、建立教师激励机制等方式，打造一支高素质、专业化的大学生创新创业教育师资队伍。

三、大学生创新创业教育管理决策机制的构建策略

（一）建立多层次决策主体架构

1. 成立校级大学生创新创业教育领导小组

校级大学生创新创业教育领导小组由校长或分管副校长担任组长，成员包括教务处、学生处、科研处、团委等多部门负责人以及校内外的创新创业导师代表、企业人士等。该小组负责制定大学生创新创业教育的整体战略规划和宏观政策。例如，确定每年大学生创新创业教育的经费投入规模和分配原则，制定与高校整体发展目标相契合的创新创业人才培养目标，如在未来五年内使本校的大学生创新创业教育成果在同类高校中处于领先地位，培养出一定数量的创新创业人才等。[①]

领导小组应定期召开会议，审议大学生创新创业教育的重大事项，如大型创新创业实践活动的开展计划、与企业或政府合作的重大项目签约等。同时，领导小组要对各学院的大学生创新创业教育工作进行统筹协调和监督评估，确保全校大学生创新创业教育工作的一致性和连贯性。

2. 设立学院大学生创新创业教育工作委员会

委员会以学院为单位，由学院院长或主管教学副院长牵头，由专业教师代表、辅导员、学生社团负责人等组成。其主要职责是根据校级大学生创新创业教育领导小组的战略规划，结合本学院的专业特色和学生特点，制订具体的大学生创新创业教育实施方案。例如，设计适合本学院大学生的创新创业课程体系，确定专业课程与创新创业课程的融合方式，组织本学院的创新创业竞赛、

① 车琨.“互联网＋”助推高校大学生创新创业教育迈上新台阶[M].沈阳：辽宁大学出版社，2023：162.

讲座、培训等活动。

委员会要定期向校级大学生创新创业教育领导小组汇报工作进展，接受校级层面的指导和监督，并负责对本学院大学生的创新创业项目进行初步筛选和推荐，将有潜力的项目推荐到校级层面进行重点扶持或参加更高层级的竞赛。

（二）完善决策信息收集与分析系统

1. 构建大学生创新创业信息数据库

构建大学生创新创业信息数据库，需要收集大学生的基本信息，包括专业、年级、学习成绩、兴趣爱好、参加创新创业活动的经历等。同时，要记录大学生在创新创业过程中的详细数据，如参与的项目名称、项目进展情况、所获成果（如专利、奖项等）、遇到的困难和问题等。通过对这些数据的分析，可以了解不同大学生群体的创新创业需求和倾向，为制定个性化的教育策略和提供针对性的支持服务提供依据。例如，若通过数据分析发现某专业高年级大学生在创新创业项目中对技术研发支持的需求较大，就可以有针对性地组织相关专业的教师或校外专家为其提供技术指导和资源对接；若发现某类大学生群体在创意生成阶段能力较为薄弱，就要对他们加强创新创业思维训练或开展相关专题讲座。

2. 建立市场与行业动态监测机制

建立市场与行业动态监测机制需要安排专门人员或委托专业机构收集国内外创新创业市场的最新动态信息，包括新兴行业发展趋势、市场需求变化、政策法规调整等。同时，关注同类型高校在创新创业教育方面的成功经验和先进方法，形成信息简报，定期向决策主体汇报。例如，当监测到某新兴行业（如新能源汽车共享服务）有较大发展潜力且与高校相关专业有一定关联时，决策主体可考虑在该领域加大课程研发力度、组织大学生开展相关项目实践或与企业合作建立实践基地；若发现其他高校在创新创业孵化基地建设方面有独特模式，可组织考察学习并借鉴适合本校的经验。

（三）强化决策执行与反馈机制

1. 制订详细的决策执行计划

对于每一项大学生创新创业教育管理决策，高校都要制订明确的执行计划，包括执行的责任部门或人员、执行的时间节点、执行的具体步骤和措施等。例如，在决定开展一项全校性的创新创业大赛后，由教务处负责制定比赛规则和流程，学生处负责组织大学生报名和宣传推广，团委负责赛事组织和协调，各学院负责动员大学生参赛和项目指导，明确每个阶段的时间安排，如报名时间、初赛时间、决赛时间等，并制定相应的保障措施，如评委邀请、场地安排等。[①]

同时，应将执行计划向全校师生公布，接受师生的监督，确保决策能够得到有效执行，并且要建立执行过程中的沟通协调机制，及时解决执行过程中出现的问题，如部门之间协作不畅、资源调配困难等。

2. 建立决策反馈与评估体系

高校应设立专门的反馈渠道，如意见箱、网上反馈平台、师生座谈会等，收集师生对大学生创新创业教育管理决策执行情况的意见和建议。例如，在一项新的创新创业课程开设后，通过从大学生的课堂反馈、教师的教学反思以及大学生的学习成果评估等方面收集信息，来了解课程设置是否合理、教学方法是否有效等。

高校还要定期对决策执行效果进行评估，应采用定量与定性相结合的评估方法。定量评估可以通过统计大学生参与创新创业活动的人数比例、创新创业项目的成功率、获得的资金支持额度等指标实现；定性评估可以通过师生满意度调查、企业对大学生创新创业团队的评价等方式实现。根据评估结果，要及时调整和优化决策内容，形成决策执行的闭环管理，以不断增强大学生创新创业教育管理决策机制的科学性和有效性。

① 郭美斌，文丽萍.大学生创新创业理论与实训教程[M].长春：吉林大学出版社，2015：22.

第四节　大学生创新创业教育的保障机制

大学生创新创业教育是培育创新创业人才、推动社会经济转型升级的重要引擎。然而，要想让这一教育举措真正落地生根、开花结果并非易事。大学生创新创业教育的保障机制犹如稳固的桥梁，连接着理想与现实。唯有构建起完善的保障机制，才能为大学生创新创业教育保驾护航，使其在时代的浪潮中乘风破浪奋勇前行，为社会及学生本人创造出无限的可能与价值。

一、大学生创新创业教育保障机制构建的意义

我国大学生创新创业教育正处于深入推进的阶段，发展前景一片大好。大学生创新创业教育保障机制的构建与完善，对于提升大学生创新创业教育的质量，推动大学生创新创业以及促进高等教育的改革与发展具有重要的作用。

（一）确保大学生创新创业教育的质量，促进其良性协调发展

大学生创新创业教育保障机制，是依靠高校内部与外部的一系列有关大学生创新创业教育的质量管理活动而形成的一个有机整体，具体涉及大学生创新创业教育的培养目标、课程设置、师资队伍等各方面。通过对这些方面进行改进与完善，不仅能够保障大学生创新创业教育活动的有效开展，而且能为大学生创新创业教育体系的建设与完善提供有力的支撑。

（二）推动大学生实现创新创业

当前，我国大力提倡以创新创业带动就业来缓解大学生就业形势严峻的局面。然而，创新创业是否能真正带动就业，取决于大学生创新创业教育的质量以及高校能否真正培养出创新创业人才。因而，大学生创新创业教育的质量不容忽视。通过构建、完善大学生创新创业教育保障机制，在高校内部搭建大学生创新创业教育的教学与实践平台，在高校外部为大学生创新创业提供强有力的政策保障与资金资助，营造宽松、良好的环境与氛围，不仅有利于培养大学

生的创新创业精神与创造力，而且有利于促使大学生掌握实际技能，为实现创新创业奠定良好的基础。

（三）深化高等教育的改革与发展

如今，大学生创新创业教育是高等教育改革与发展的必然趋势。高等教育必须与社会经济的发展相适应，注重培养大学生的创新创业意识、创新创业精神与创新创业能力。高等教育质量不仅是高等教育内涵式发展的核心问题，也是高等教育大众化的生命线。①构建大学生创新创业教育保障机制，是对大学生创新创业教育如何保障并提高创新创业人才培养质量和水平的有益探索，在客观上有益于促进高等教育深化改革，推动高等教育的现代化发展。

二、大学生创新创业教育保障机制的构建策略

（一）法律保障

1. 适时制定具有统领地位的上位法

我国应制定具有统领地位的大学生创新创业保护法律，破解当前大学生创新创业法律法规不成体系、互不衔接的局面，维护立法的权威性、统一适用性和可操作性；应制定大学生创新创业法，在法理上界定大学生在创新创业过程中的主体地位，厘清大学生创新创业者和社会创新创业者的区别，凸显大学生创新创业在企业创设、融资、税收等方面的政策支持和优惠保障，明确政府、企业、高校、大学生等主体在大学生创新创业中的基本权利和义务，真正激发大学生的创新创业热情，积极促进创新创业型社会建设。

2. 完善大学生创新创业教育法律课程体系

对于大学生而言，高校是获得创新创业法律相关知识的重要场所，是开展大学生创新创业法律教育的核心载体。因此，应当在原有的公共大课中引入大学生创新创业法律教育、法律风险管理等内容。对于有创新创业意愿甚至已经开展创新创业实践的大学生，应开设大学生创新创业法律教育选修课或者专

① 邱莹莹，何小雨.应用型高校创新创业教育保障体系构建研究[J].黑河学刊，2021（2）：83-85.

业课，有效提升大学生创新创业者的法律实践能力，使其能够规避创新创业风险，从而提高创新创业成功率。在教师队伍建设方面，应吸纳有法学专业背景的教师、律师、企业家等人员，进一步提升教师队伍的专业性。在教学内容方面，应结合具体的创新创业实践进行有针对性讲授。例如，对于技术型企业，应重点讲授知识产权保护等方面的相关知识；对于处在孵化期的企业，应重点探讨企业组织形式的选择等问题；对于成长期的企业，应侧重于讲授合同风险管理、财务税收等方面的内容。

（二）质量管理保障

为了确保大学生创新创业教育的质量和效果，高校必须建立一套科学、全面且高效的质量管理体系。这一体系不仅涵盖了教学质量的各个方面，还强调了持续改进和反馈的重要性，以确保教育质量的不断提升。

1. 制定质量标准

制定明确、具体且可操作的质量标准是质量管理体系的基础。这些标准应全面覆盖大学生创新创业教育的关键要素，包括教学内容、教学方法、教学效果等。

（1）教学内容标准

教学内容应涵盖创新创业的基本理论、实践案例和前沿动态。基本理论部分应确保大学生掌握创新创业的基本概念、原理和流程；实践案例部分应引入国内外成功的创新创业案例，让大学生从中汲取经验和教训；前沿动态部分则应关注创新创业领域的最新发展，如新技术、新商业模式等，以拓宽大学生的视野。

（2）教学方法标准

教学方法应注重启发式教学、案例教学等，以激发大学生的学习兴趣和主动性。启发式教学应鼓励大学生独立思考、发现问题和解决问题；案例教学则应通过真实或模拟的案例，让大学生在实践中学习和掌握创新创业的技能和方法。

（3）教学效果标准

教学效果应体现在大学生的创新创业能力、团队协作能力和解决实际问题能力等方面。创新创业能力包括创新思维、市场洞察、产品设计等；团队协作能力则强调在团队中的沟通、协调和合作能力；解决实际问题能力则要求大学生能够运用所学知识解决实际问题，如市场调研、财务分析等。

2. 加强质量监控

质量监控是确保大学生创新创业教育质量的重要手段。高校应建立定期的教学质量检查制度，对大学生创新创业教育的质量进行监控和评估。

（1）建立教学质量检查制度

高校应制订详细的教学质量检查计划，明确检查的时间、内容、方法和标准。通过定期的教学检查，及时发现教学中存在的问题和不足，为后续的改进提供依据。

（2）多元化质量监控体系

除了高校内部的教学质量检查外，还应鼓励大学生、教师和社会各界参与质量监控。大学生可以通过问卷调查、座谈会等方式反馈教学效果；教师可以通过教学日志、教学反思等方式记录教学过程中的问题和经验；社会各界则可以通过校企合作、产学研合作等方式了解大学生创新创业教育的质量和效果。

（3）利用信息技术手段

随着信息技术的发展，高校可以利用大数据、人工智能等技术手段对大学生创新创业教育的质量进行实时监控和评估。例如，通过在线教学平台收集大学生的学习数据，分析大学生的学习进度、学习成效等；通过智能教学系统对教师的教学过程进行实时监控和评估，为教师提供个性化的教学建议。

3. 持续改进与反馈

质量管理是一个持续改进的过程。高校应根据质量监控的结果，及时发现问题、分析问题和解决问题，并建立有效的反馈机制。

（1）问题分析与解决

针对质量监控中发现的问题，高校应组织专家和教师进行深入分析，找出问题的根源和解决方案；同时，应制订详细的改进计划，明确改进的目标、措施和时间表。

（2）建立反馈机制

为了鼓励师生和社会各界积极参与质量管理和改进工作，高校应建立有效的反馈机制。这包括定期召开师生座谈会、教学研讨会等，听取师生的意见和建议；通过问卷调查、在线反馈等方式收集社会各界的意见和建议；建立专门的反馈渠道和平台，方便师生和社会各界随时提出问题和建议。

（3）持续改进与迭代

在收集和分析反馈意见的基础上，高校应不断对创新创业教育进行持续改进和迭代。包括优化教学内容、改进教学方法、提升教学效果等。同时，应定期对质量管理体系进行评估和更新，确保其与时代发展和教育需求保持同步。

（三）环境保障

教育环境会间接地、潜移默化地影响教育的效果，并且这种影响是巨大的。20世纪30年代，日本学者细谷俊夫出版了《教育环境学》一书，明确提出了教育会受到社会、自然和精神环境的影响。大学生创新创业教育环境是一种价值规范和意识形态，能够被师生所感知，同时其也是一种制度环境，能够促进大学生创新创业教育的发展。因此，为大学生创新创业教育提供环境保障是非常重要的。

教师与学生的意识形态在优良的大学生创新创业教育环境下能够受到正向影响；反之，教师和学生在劣质的环境下会受到负向影响，且这种影响时刻存在。因此，高校应当重点建设优良的大学生创新创业教育环境，以此来促进大学生创新创业教育成效的提升。

1. 政府政策支撑

政府在大学生创新创业教育保障机制中承担着引领、支持和激励的职能。高校举办大学生创新创业活动，引导大学生积极参与大学生创新创业活动，必须有政府的全力支持。

（1）政策法规支持

政府相关机构应在全面理解大学生创新创业教育之后再颁布相关政策法规。政府要在符合市场经济规律的前提下，将利好创新创业发展的氛围给予大学生，并颁布与之相关的激励扶持政策，绝不可单纯地从促进大学生就业方面来领会大学生创新创业教育的本质。大学生创新创业教育是否能够顺利实施取决于政府有没有提供相关政策的支持。[①]具体来说，相关政策的颁布要加快推进，为大学生创新创业教育提供支撑；有关单位应尽力简化大学生创新创业准入流程，提升审核速度；相应的税收减免等优惠政策也应一并出台；对应的创新创业培训指导、政策咨询、持续指导等服务内容需要尽快指定相关单位来承接。政府在政策法规上的全力扶持将为高校顺利开展大学生创新创业教育提供有力保障。

（2）经费支持

通过对大学生创新创业教育受限原因的深入分析可知，大学生创新创业教育能否良好开展取决于初始资金和后续资金充足与否，这是影响其发展的最主要因素。由于经费对于大学生创新创业教育的开展具有重中之重的作用，政府为了鼓励大学生创新创业，就必须加大对大学生创新创业教育的投入，建立普惠型创新创业基金。政府要带动资金输出，给予大学生相应的贷款额度，提高对创新创业教育的支持力度，扩大贷款的受益范围，支持大学生创新创业教育，让高校在经费方面减少顾虑。同时，政府要特别加大对高新技术项目的扶持力度，给予其特别的优惠政策和强有力的支撑。

（3）免费培训指导

政府应安排有关单位对大学生开展责任培训工作，如免费给大学生安排学习场地、加强技能练习、提供法规和技能培训等，以此提升大学生的创新创业技能。为了增加大学生的创新创业理论知识并提升大学生的创新创业操作技能，政府应定期邀约国内外优秀企业家、高校专业领域内的知名教授、政府有关单位经验丰富的职员等担当大学生创新创业的指导教师，通过教学、咨询、答疑、案例解析等手段提高大学生的创新创业知识水平和技能水平。

（4）建立大学生创新创业教育中介组织

政府要为大学生营造良好创新创业氛围，激励大学生创新创业，全力扶助丰富多彩的非营利机构，增强大学生对创新创业理论知识的输入，并带领其积极实施。比如，政府可划分出单独的实操基地给创新创业项目，在政府相关单位和有关的教育科研团队带领下，成立有公信力的大学生创新创业教育科研组织，广泛地开展大学生创新创业教育研究，同步在全国各地的高校设立大学

① 牛慧.高校创新创业教育保障体系构建研究[J].内蒙古电大学刊，2020（4）：71-74.

生创新创业项目，为我国大学生创新创业教育体系的建立提供理论基石；发动社会积极创建服务于大学生创新创业的民办教育机构，使其与高校联手实现大学生创新创业教育目标。为了帮助大学生在创新创业进程中尽快找到相关支持企业，获得相应资金支持及有效的政策法规咨询，政府要全力推进大学生创新创业教育中介机构的建立，创建大学生创新创业教育实施场地和基地。与此同时，中介机构需估算大学生创新创业经费的缺口，为大学生提供贷款，承担大学生创新创业贷款担保职责，减少政府和高校的压力，公正评价大学生创新创业教育的实践状况。

2. 社会舆论支持

为了确保大学生创新创业教育的成功实施，必须营造良好的社会氛围。目前社会对于大学生创新创业教育的理解仅停留在表面，其并未引发社会激烈讨论，触动的人群也并不广泛。虽然高校对于大学生创新创业教育的了解较为深入，但仅有高校付诸行动，显然不能够完全推动大学生创新创业教育的整体进程。现阶段的大学生创新创业教育在部分区域发展迅速，但也有部分区域仍未开始实行，大学生创新创业教育进程明显暴露出发展不均衡的态势。因此，为了面向社会推行大学生创新创业教育，需要建立一个以政府为核心，以高校为主体，全体社会成员积极传播并推行的大学生创新创业教育新形式，通过网络、电视、报纸等传播手段，让人们的创新创业主动性得到增强，使全社会对大学生创新创业形成统一认知，为大学生创新创业教育的实施营造良好的氛围和情境，共同推进大学生创新创业教育进程。

3. 企业合作支持

企业在大学生创新创业教育进程中的作用非常重要。大学生创新创业教育不仅为大学生带来了更多就业机会，而且增强了大学生创新创业的主动性，激发了大学生的创新创业潜能。理论知识培养和创新创业实操指导都属于大学生创新创业教育的范畴，其中实操指导是非常重要的一环，并且需要企业的大力支持。在大学生创新创业教育过程中，企业可以带来方法指引，提供实施场所、资金帮助、项目扶持等。当前虽然有很多高校在大学生创新创业教育进程中得到了企业的帮助，但仅局限在经费方面，缺少对大学生实操方面的引导和项目扶持。如果想推动大学生创新创业教育的发展，促进企业本身的持续增长，达到互惠互利，那么企业不单要在资金方面进行扶持，还要给予实施场所的支持，以及项目方面的指导，全方位地帮助大学生创新创业教育发展。因此，高校与企业之间应该达成长期稳定的合作关系，使企业将一些经过历练的职工派遣到高校担任兼职教师，为大学生提供一些实际的创新创业项目，提高大学生的创新创业实践水平。

此外，为了促进大学生创新创业教育并营造良好氛围，企业可以利用其自身宣传能力和社会号召力，扭转社会和家庭对于创新创业的负面看法，对创新创业的作用表示赞同，引领大众更新对于创新创业的认知。

4. 家庭支持

根据当前我国的现状，家庭在大学生的成长过程中对于大学生世界观、人生观、价值观的形成具有非常重要的作用，同时也是大学生的经济和精神支撑。即使大学生储备了创新创业理论知识，拥有了创新创业思维和实操技能，也仍然需要家庭的正面支持。大学生的家庭背景直接影响到其就业观、创新创业素养、自身性格的养成。父母对创新创业的看法与大学生的就业观念呈正相关关系。如果家庭对于创新创业持正面态度，并适当激励，大学生创新创业的主动性就会因此提高；如果家庭对创新创业持负面态度，大学生的信心就会受挫，严重时甚至会导致创新创业想法破灭。由此，高校要学会全面利用家庭的作用，积极与大学生的家长进行良好沟通，争取到家长对大学生创新创业教育的支持。

目前，家长对于创新创业的肯定还不够，原因主要有以下两点：首先，传统观念深入人心，父母总是希望孩子能够拥有一份安稳的工作；其次，对于一般家庭来说，创新创业的启动资金是一笔不小的数目，会让家庭压力倍增。基于家长的以上顾虑，高校要联合相关部门并派具体教师和家长进行深入交流，将创新创业的优势传达给家长，让家长消除顾虑，转变固有思维和老一辈的就业观念，并认同大学生不仅是应聘者而且是就业岗位的发起者，逐步赞同并主动配合高校开展大学生创新创业教育活动，努力打造顺应时代发展的家庭环境，与高校联手让大学生拥有勇敢、不畏艰难、积极进取的精神状态和行为方式，鼓励大学生按照自己的想法选择日后的就业方向。

除此之外，政府和学校要互相配合，积极与家长沟通交流，对家长进行培训；尤其是针对就业观念陈旧的农民家庭，需要采取更为积极有效的教育方法，从而争取让大学生创新创业教育与家庭教育齐头并进，推动大学生创新创业教育的开展。

5. 高校加强基础设施建设和文化氛围营造

（1）基础设施建设

①建设大学生创新创业实践基地。高校应建设专门的大学生创新创业实践基地，为大学生提供开展创新创业实践活动的场地和设施。实践基地可划分为不同功能区域，如创意孵化区、项目研发区、产品展示区、商务洽谈区等。创意孵化区应配备舒适的讨论空间和创意激发工具，方便大学生进行头脑风暴和创意构思；项目研发区应提供各类专业实验设备、计算机及软件资源，满足不同专业大学生的研发需求；产品展示区用于展示大学生的创新产品和成果，是为他们提供产品推广和市场宣传的平台；商务洽谈区应营造专业的商务环境，方便大学生与投资者、合作伙伴进行商务交流。例如，某高校大学生创新创业实践基地中的创意孵化区每周都会举办创意工作坊活动，邀请企业创意专家与大学生互动交流，激发大学生的创新灵感。

②科研设备与资源共享。高校要加强科研设备和资源的共享力度，不仅要在其内部各学科专业之间实现共享，还应与企业、科研机构建立共享机制。高校可建立科研设备共享平台，公布可共享设备的清单、使用规则和预约流程，方便大学生使用。例如，生物工程专业的大学生在进行新型生物制药研发时，可通过共享平台预约使用高校先进的基因测序仪、高效液相色谱仪等大型设备，来降低研发成本；同时，高校可与企业建立合作关系，共享企业闲置的生产设备、研发资源等，并为企业提供技术研发支持和人才培养服务。某电子科技企业将其闲置的电子生产线提供给高校相关专业的大学生进行电子产品的小批量生产实践，使大学生在实践过程中不仅提升了生产工艺技能，而且能根据生产实践对产品设计进行优化改进，实现互利共赢。

（2）文化氛围营造

①开展校园文化活动。高校应积极开展丰富多彩的与创新创业相关的校园文化活动，如创新创业文化节、创新创业大讲堂、创新创业之星评选等。创新创业文化节可设置创新创意展览、创业项目竞赛、创业经验分享会等多个板

块，吸引广大学生参与其中。在创新创意展览中，大学生可以展示自己的创意作品、科技发明等，激发其他大学生的创新兴趣；创新创业大讲堂会定期邀请成功企业家、创新创业导师、行业专家等来校举办讲座，分享创新创业历程、行业动态和创新创业思维方法，让大学生了解真实的创新创业世界，学习成功经验。创新创业之星评选活动则是对在创新创业方面表现突出的大学生团队或个人进行表彰和宣传，树立创新创业榜样，激励更多大学生投身创新创业实践之中。

②加强宣传与引导。高校应利用校园广播、宣传栏、校报、校园网络等多种媒体渠道，加强对创新创业政策、成功案例、创新创业理念等方面的宣传报道；开设专门的创新创业网站或微信公众号，及时发布创新创业相关信息，包括政策解读、项目申报通知、创新创业活动预告、成功案例分析等。例如，校园网络平台可制作系列创新创业短视频，讲述本校大学生创新创业的故事，展示他们的创新创业项目和创新创业成果，以生动形象的方式传播创新创业文化；校报可开辟创新创业专栏，定期刊登大学生的创新创业心得、专家的点评文章等，引导大学生树立正确的创新创业价值观，培养他们的创新创业精神和冒险意识。

（四）教育队伍保障

1. 构建结构科学合理的专兼职师资队伍

（1）专职教师队伍建设

就高校的长期稳定发展而言，必须以专职教师为主体，兼职教师为辅助，不可以本末倒置。高水平的专职教师队伍建设，直接关系到高校的办学水平和长期发展；尤其对于民办的高校而言，如何吸引高水平的专职教师，避免人才流失，是其办学发展的当务之急。为此，提出以下几点策略建议。

①促进大学生创新创业教育学科发展，构建师资培训平台。大学生创新创业教育的目标、教学内容和形式是独立的，因此专职教师队伍的培训也是独立的。随着如今大学生就业压力越来越大，越来越多的大学生选择创新创业，但是创新创业不是那么容易成功的，每一步都需要“天时、地利、人和”。因此，由具有大学生创新创业教育研究经验的专家建设大学生创新创业教育学

科，不仅可以促进大学生创新创业教育的发展，提出有利于大学生创新创业教育实行的政策建议，而且可以通过强化大学生创新创业教育研究和培训专门的教学人员来组建高水平的创新创业教师队伍。

②搭建大学生创新创业教育教师进修培训平台。创新创业所需要的知识包括社会学、政治学、经济学、管理学等多学科知识，因此大学生创新创业教育与以上学科以及思想道德教育相关联。对此，高校要把大学生创新创业教育纳入专业教育和文化素质教育的教学计划和学分体系。如何将大学生创新创业教育融入高校人才培养的全过程，就成为高校关注的重要议题。在开展大学生创新创业教育的初期，高校可以为教师提供进修培训的机会，让他们参加基础知识理论培训，以充分适应创新创业有关科目的教学要求。为了提高师资研究能力，高校可以鼓励教师参加国家级的创新创业培训会、地区论坛会、研讨会，选择优秀的教师出国访问学习，感受国外的教育观念和教育方法与国内的不同之处。为了丰富教师的创业经历，高校可以实施“产学研一体化”模式，将理论研究成果转化为实际创业成效，还可以建立校企合作项目，让教师参与到企业经营管理中去。

（2）兼职教师队伍建设

在以专职教师为主体的前提下，还需要重视兼职教师的重要作用，建立兼职教师人才队伍。兼职教师是新时代资源共享、人才共享发展模式在高校教育教学中的集中体现。高校应该建立起一支理论和实践水平一流，了解高校办学宗旨和发展要求，清晰高校历史和大学生发展情况、要求的兼职教师人才队伍，并使其成为专职教师的重要辅助，承担起重要的教学工作，促进大学生全面发展。具体而言，立足大学生创新创业发展需求，高校可以有针对性地吸收以下几类兼职教师：一是其他高校的大学生创新创业教育专家学者；二是政府创新创业相关部门的工作人员，他们可以就创新创业相关政策与管理现状进行解读；三是创新创业相关公司的行业精英骨干。

2. 强化大学生创新创业教育的师资建设机制

教师在大学生创新创业教育体系中一直被看作核心，即该教育活动的主体，这在一定程度上是因为教师担负着人才培养的重要任务。教师队伍的整体素质水平在一定程度上可以代表国家或者某一地区的教育水平，能够反映出当地的教育现状。如果教师队伍的整体素质不能够达到较高的水平，那么最终所呈现出来的教育结果就不能够为人民所满意。因此，在大学生创新创业教育活动开展的过程中，教师队伍具有至关重要的作用。如果要实现大学生创新创业教育活动的顺利开展，就必须组建一支既具备坚实的专业课知识基础，又具备一定创新创业思维的教师队伍，并且其还需要拥有大量的实践经验，从而更好地推进大学生创新创业教育的开展。借鉴国内外大学生创新创业教育的经验，并立足于我国大学生创新创业教育发展的现状，可以从以下几个方面来实现大学生创新创业教育教师队伍素质水平的提升。

（1）设定合理的大学生创新创业教育教师的聘用条件

当前，我国多数高校对于大学生创新创业教育还不够重视，并没有开设专门的课程，这在一定程度上也导致大学生创新创业教育教师资源十分稀缺。目前高校中最常见的大学生创新创业教育教师多半是由主管大学生就业的教师以及经管系的教师兼任的。也就是说，教授创新创业课程的教师并未受过创新创业培训，所以其在一定程度上并不能够胜任相关教育活动。因此，在构建大学生创新创业教育教师资源体系的过程中，一定要选择教学水平高、具备创新创业思维以及相关实践经验的教师。同时，也可以设立高标准的教师准入规定，在注重理论教育的同时，也要将实践提到一个更高的层次，既要考察教师的相关思维能力以及专业知识储备，又要考察教师的基本师德素养等，从而组建起一支高素质专业化教师队伍。

（2）完善大学生创新创业教育教师的团队结构

首先，高校要提高对于大学生创新创业教育的重视程度，构建起相关教师的培训机制，鼓励教师参加培训活动，促使教师获得相关的实践经验，从而打造出一支优秀的大学生创新创业教育教师队伍；其次，应该优化配置高校的专业教师资源，保证大学生创新创业教育教师队伍是由不同专业的高水平教师组成的，确保其专业知识能相辅相成，从而使授课结构科学化。在选拔优秀教师的过程中，高校应该建立起严格的选拔制度，组建一支教学水平高、师资素养好的年轻优秀教师队伍。与此同时，也可以培养一支实践经验丰富的兼职教师队伍，其成员可以是成功的创业者、风险投资员、企业职员等。两支队伍相辅相成、互相协作，以此保证大学生获得相应的实践经验，全面提升创新创业教育水平。

（3）构建系统的大学生创新创业教育师资培训制度

优秀的教师队伍是大学生创新创业教育活动顺利开展的先决条件，而组建一支优秀的教师队伍的唯一方法就是挑选和培训优秀的教师。大学生创新创业教育的开展对教师的教学水平提出了更高的要求，要求教师不仅具备创新创业思维，而且具备一定的创新创业实践经验。

如果想要培养一批具备创新创业素质的人才，教师就必须拥有丰富的创新创业经历。为了实现该目标，高校可以采取以下两个方面的举措：一方面，鼓励教师积极参与创新创业实践活动，从而使其能更好地把握创新创业的真实情况；另一方面，高校应该积极开展大学生创新创业教育实践活动，加强本校教师队伍与国内外优秀教师队伍之间的交流和学习。

①要扩展教师培训途径。要提高教师队伍的专业素质水平，就必须保证教师队伍中的每一个教师都能参与相关的教育教学活动培训。同时，只有提高教师队伍的素质水平，才能够保证大学生创新创业教育的顺利开展。目前，我国对于大学生创新创业教育教师的培训方式还不多，但是参与培训的教师数量却在不断增加。因此，拓展大学生创新创业教育教师队伍的培训途径至关重要。

②加大培训强度，提升师资队伍的整体质量。开展大学生创新创业教育在一定程度上有利于提升大学生的综合素质水平，但是此活动的开展离不开相关专业教师的教学。目前，由于大学生创新创业教育专业的教师较少，必须加大对参与该教学活动的教师的培训力度，保证每一位教师都能够接受专业培训，并且从中获得新的教育灵感，从而提升教师队伍的整体质量水平。在以后的人才培养过程中，教师占据着重要的地位，而教师的专业性在一定程度上影响着教育活动的进程以及相关的教学成果。因此，对教师进行具有核心竞争力的培训极其必要。通过对相关教师进行创新创业思维以及实践经验的培训，既能够使教师具备一定的创新创业能力，又能保证大学生的探索精神得到一定的鼓励和支持，进而保证我国大学生创新创业教育活动顺利开展。

（4）完善大学生创新创业教育教师考评与激励机制

高校要做好教师的考评与激励工作，并不断完善考评和激励机制。当前高校为鼓励更多专业教师参与大学生创新创业教育的教学活动，构建了众多形式不一的奖励机制，同时，也建立起完善的教师考评机制，这在一定意义上能够推进大学生创新创业教育的开展，并在一定程度上转变教师参与大学生创新创业教育的思维方式，以此实现理想化的教育目标。建立起考评机制，从多个方面评判教师的整个教学过程，可以有针对性地提出整改意见和要求，达到提高教师专业素养和教学水平的目的，并以此保证大学生创新创业教育的圆满完成。

第四章　大学生创新创业教育体系的构建

在当今充满机遇与挑战的时代，创新与创业已成为推动社会进步和经济发展的关键力量。大学生群体作为社会中最具活力与创造力的知识型储备军，创新创业能力的培养不仅关乎其个人职业发展与自我价值的实现，更对国家创新驱动发展战略的实施有着深远影响。随着高等教育改革的深入推进，构建一套完善且行之有效的大学生创新创业教育体系显得尤为迫切。传统教育体系往往侧重于知识传授，而在创新创业思维激发、创新创业技能培养等方面存在不足。新的教育体系旨在弥补这些短板，通过整合多方资源，如高校、企业、政府与社会机构等，营造浓郁的创新创业文化氛围，提供系统的专业课程设置、实践平台搭建以及全面的指导服务，从而全方位地提升大学生的创新创业素养，为其在未来的创业之路上披荆斩棘，在创新领域中开拓进取奠定坚实基础。

第一节　大学生创新创业教育体系构建的目标与原则

一、大学生创新创业教育体系构建的目标

（一）知识技能培养目标

大学生创新创业教育体系致力于为大学生提供全面且深入的知识储备与技

能训练。在知识层面，其不仅涵盖传统的商业管理知识，如经济学原理、管理学基础、市场营销学、会计学等，使大学生能对商业运营的基本框架和基础逻辑有清晰的认知，而且包括新兴的创新创业领域专业知识，如创新创业理论、创新创业机会识别方法、商业模式设计与创新、知识产权保护等，让大学生能紧跟时代步伐，了解创新创业的前沿理念与核心要素。在技能方面，其着重培养大学生的实践操作能力，使大学生在市场调研、项目概述、产品或服务定位、营销策略制定到财务预算与风险评估等各个环节工作时，都能游刃有余；使大学生能熟练掌握市场分析工具与技巧，通过数据分析精准把握市场需求、竞争态势与行业趋势；使大学生能精通财务管理技能，包括资金预算、成本控制、融资策略制定与财务报表分析等，确保创新创业项目在财务上的稳健性与可持续性；使大学生能熟练运用现代营销策略，利用互联网平台、社交媒体、大数据分析等手段，实现产品或服务的有效推广与品牌塑造，提升市场占有率与客户忠诚度。总之，大学生创新创业教育体系构建后，通过对大学生系统的知识传授与技能培训，能为大学生创新创业奠定坚实的理论与实践基础，使其能够在复杂多变的商业环境中做出明智决策并有效执行。

（二）思维能力塑造目标

大学生创新创业教育体系高度注重大学生思维能力的全方位塑造，尤其是创新思维与创业思维的深度培养。在创新思维方面，其着力激发大学生的发散思维，鼓励大学生突破常规思维局限，从多角度、多维度思考问题，提出多样化的创意与解决方案；重视培养批判性思维，使大学生能够对既有观念、理论和方法进行客观审视与质疑，不盲目跟从，通过深入分析与评估，挖掘潜在问题与改进空间，从而推动创新创业；重视培养前瞻性思维，引导大学生关注科技发展趋势、社会变革动态与市场潜在需求，提前预判未来发展方向，为创新创业活动提供前瞻性指引，使其能够在创新创业中抢占先机。在创业思维培养上，其着重强化大学生的机会识别能力，使大学生能够敏锐洞察市场中尚未被满足的需求或潜在的商业机会，善于在纷繁复杂的信息中筛选出具有价值的创新创业切入点；注重提升风险评估思维，让大学生能充分认识到创新创业过程中可能面临的各种风险，包括市场风险、技术风险、财务风险、管理风险等，并能够运用科学的方法进行风险评估与分析，制定有效的风险应对策略；注重培养资源整合思维，教导大学生如何在创新创业过程中充分挖掘和利用各种资源，包括人力、物力、财力、信息资源以及社会关系资源等，通过合理配置与整合，实现资源的优化利用与价值最大化，为创新创业项目的成功推进提供有力保障。大学生创新创业教育体系构建后，通过对大学生创新思维与创业思维的系统塑造，使大学生具备独特的思维模式与视角，能够在创新创业实践中不断产生新颖创意并将其转化为可行的商业项目。

（三）人格特质养成目标

大学生创新创业教育体系的另一重要目标是助力大学生养成一系列有利于创新创业的人格特质。首先是坚忍不拔的毅力。创新创业之路布满荆棘与挑战，大学生需要在面对困难与挫折时保持坚定不移的信念和不屈不挠的精神，不轻易被失败打倒，能够从挫折中汲取经验教训，持续调整策略并勇往直前。其次是勇于冒险的精神，大学生创新创业教育体系鼓励大学生敢于突破舒适区，尝试未知领域，勇于承担可能失败的风险，在风险与机遇并存的商业环境中果断决策并付诸行动。这种冒险精神往往是发现新机遇、开拓新市场的重要驱动力。再次是善于合作的品质，现代创新创业活动多以团队形式开展，大学生需要学会与不同背景、专业和性格的团队成员有效沟通、协作与互补，发挥团队整体优势，共同攻克难题，实现创新创业目标。最后，大学生要深刻认识到创新创业决策与行为所带来的后果，无论是对团队成员、投资者、客户还是社会，都要秉持负责的态度，诚实守信地履行承诺，积极主动地解决问题。这种责任感是建立良好的商业信誉与口碑的基石，也是创新创业项目长期稳定发展的重要保障。大学生创新创业教育体系构建后，能够通过对大学生在教育过程中渗透人格特质的培养，塑造出具有强大内心与优秀品质的创新创业人才，使其在激烈的市场竞争中脱颖而出并持续发展。

（四）实践能力提升目标

大学生创新创业教育体系通过构建多元化的实践平台并提供丰富的实践机会，能够全方位提升大学生的创新创业实践能力。一方面，可积极组织各类创新创业竞赛，如“挑战杯”中国大学生创业计划竞赛、“互联网＋”大学生创新创业大赛等，通过模拟真实的商业环境与创新创业流程，让大学生在参赛过程中完成从项目构思、团队组建、商业计划制订到项目展示与答辩等一系列任务，通过与其他团队的竞争与交流，检验和完善自己的创新创业项目，锻炼团队协作能力、沟通表达能力、应变能力与问题解决能力，同时接触到行业专家、企业评委与投资机构，获取宝贵的反馈意见与资源对接机会。另一方面，要大力推进校企合作实践基地建设，为大学生提供企业实习机会，让大学生有机会深入企业内部，了解企业运营管理的实际情况，参与企业的项目研发、市场营销、生产管理等具体工作环节，积累实践经验，将所学理论知识与实际操作相结合，培养职业素养与工作技能。此外，还需大力推进设立创新创业孵化中心，为有潜力的创新创业项目提供场地支持、资金扶持、创新创业指导与资源共享服务，使大学生能在创新创业项目孵化过程中得到全方位的辅导，包括商业模式优化、市场推广策略制定、财务管理规范等，同时与其他创新创业团队相互学习、共同成长，在实践中不断提升创新创业项目的成熟度与竞争力，逐步实现从创新创业项目孵化到企业成功运营的跨越。大学生创新创业教育体系构建后，通过对这些实践平台与机会的有效整合与充分利用，全面提升了大学生在创新创业实践中的综合能力与素质，使其能够更好地适应市场需求与社会发展，为未来的创新创业之路做好充分准备，为社会创造更大的价值并推动经济发展与创新进步。

二、大学生创新创业教育体系构建的原则

构建合理的大学生创新创业教育体系是大学生创新创业教育发展的战略重心之一，其可以树立大学生的创新创业意识，培养大学生的创新创业能力，挖掘大学生的创新创业思维，激发大学生的创新创业兴趣。大学生创新创业教育教学体系的构建原则可以总结为以下几个方面。

（一）创新创业课程和专业课程相结合的原则

大学生创新创业教育要与专业教育相结合，体现在课程教学上就是创新创业课程与专业课程的结合。专业课程是指根据各学科培养目标和要求所开设的讲授专业理论知识和技能的课程；创新创业课程是指为培养大学生的创新创业意识和创新创业能力而开设的课程。创新创业课程和专业课程的结合可分为两个层次：第一个层次是两类课程在基础性和普及性上的结合和搭配，使大学生

既具有专业能力，又具备创新创业能力；第二个层次是两类课程在课程内容上的深度融合，即将学科特点融入创新创业课程，开发出具有专业特色的创新创业课程，将专业知识渗透到创新创业课程之中。[①]高校可以将第一层次和第二层次相结合，将创新创业基础课程设置为必修课程，将创新创业专业课程设置为选修课程。

（二）理论课程和实践课程相结合的原则

创新创业理论课程是指创新创业基础知识课程，通常有规范完整的教学大纲和教学计划；实践课程是指对创新创业知识和创新创业技能进行综合运用的课程，紧密地围绕着实际创新创业过程。将系统的理论课程和灵活的实践课程相结合，能使大学生深入理解和掌握创新创业基础知识，并将其体验、内化为自身能力。为使两者相互结合，教师要创新教学方法，以案例研究、创新创业者现身说法、创新创业模拟实训、现场体验和测试等为实践课程的依托，以问题为导向，强调案例研究，以精选的案例增强教学的鲜活性，通过教学互动、角色扮演等方式促使大学生充分思考，调动大学生的积极性。

（三）第一课堂和第二课堂相结合的原则

大学生创新创业教育的开放性、参与性特别突出，而第一课堂和第二课堂是大学生创新创业教育并行的两个重要环节。通过第一课堂的学习和训练，大学生可以掌握系统的创新创业知识；通过第二课堂的创新创业活动，大学生可以提高专业的创新创业技能。高校可以举办创新创业大赛、创新创业俱乐部、创新创业项目孵化、创新创业者巡讲访问等活动，并整合教学、科研、学工、创新创业园、校友会等高校和社会资源，为大学生提供富有实效、丰富多彩的第二课堂。

（四）创新创业知识和创新创业意识相结合的原则

大学生创新创业教育不仅传授创新创业基本知识、方法和技能，更重要的是培养大学生的企业家精神和素质，使大学生拥有创新创业的心理特质和创新

---

① 张波，张政，赵振兴.共生型创新创业教育体系——创新创业教育新途径[J].科学咨询，2024（17）：198-201.

意识，具备商业思维，能够以企业家的视角思考和看待问题。例如，英国根据功能作用将大学生创新创业教育分为创新创业意识、创新创业通识、创新创业职业三种类型。创新创业意识的培养是向大学生传递社会价值观念，塑造大学生的商业观。校园文化具有培育意识形态的重要功能，高校应通过政策制定和文化活动的开展营造一种鼓励创新的宽松、自由的人文环境，形成崇尚创新创业的良好文化，并在潜移默化中使其渗透到大学生的意识之中。

（五）系统性原则

大学生创新创业教育体系应是一个完整的系统，涵盖从教育目标设定、课程体系设计、教学方法选择到师资队伍建设、实践平台搭建以及评价考核机制完善等各个方面。各环节之间相互关联、相互影响、相互支撑，共同服务于培养创新创业人才这一核心目标。例如，课程体系要与实践平台相呼应，教学方法要有利于师资队伍发挥优势且契合大学生的学习需求，评价考核机制要能全面、客观地反映整个教育体系的成效。

（六）个性化原则

大学生创新创业教育要充分尊重每个大学生的个性差异、兴趣爱好、专业背景和职业规划，根据不同大学生的特点，提供多样化的创新创业教育路径和资源。例如，对于理工科大学生，可以引导其围绕科技成果转化开展创新创业；对于文科大学生，则可侧重于文化创意、社会服务等领域的创新创业项目开发。大学生创新创业教育要通过个性化的教育培养，激发大学生的创新创业潜能，让他们在各自的领域发光发热。

（七）开放性原则

大学生创新创业教育体系不应局限于校园内部，而是应积极与企业、政府部门、社会组织等外部主体开展广泛深入的合作与交流。例如，引入企业的实际项目、资金、技术和管理经验，邀请政府部门解读政策法规，借助社会组织的资源拓展教育渠道和平台；同时，鼓励大学生积极参与国际交流合作项目，了解全球创新创业的前沿动态和趋势，拓宽国际视野，提升大学生跨文化交流与合作的能力。

（八）持续性原则

创新创业能力的培养并非一蹴而就的，而是一个长期、持续的过程。大学生创新创业教育体系要贯穿大学生的整个学习生涯，从低年级的创新创业启蒙教育，到高年级的专业创新创业技能培训和项目孵化，逐步递进、不断深化。在大学生毕业后，还应该通过校友网络、创新创业后续服务等方式，持续为他们提供支持和指导，帮助其在创新创业的道路上持续发展。

第二节　大学生创新创业教育课程体系的构建

在当今知识经济蓬勃发展、创新驱动成为时代主流的背景下，大学生创新创业教育课程体系的构建已成为高等教育改革的关键环节。大学生创新创业教育课程体系的科学构建，不仅能点燃大学生的创新创业激情，培育其创新创业意识，还能引导大学生在实践中历练，从而在激烈的社会竞争中崭露头角，为社会进步与经济发展注入源源不断的青春活力。

一、大学生创新创业教育课程体系的内容构建

（一）大学生创新创业教育的基础学科课程设置

大学生创新创业教育基础学科课程是为了奠定大学生开展创新创业活动的基础而设置的，旨在为大学生构建创新创业基本理论体系，使其认识到创新创业是什么，创新创业所需要准备的知识和技能储备。高校可以从基本理论课程、专业理论课程和辅导课程三个方面设置大学生创新创业教育基础学科课程。

1. 大学生创新创业教育基本理论课程设置

大学生创新创业教育基本理论课程设置的目的是使大学生认识到创业是什么，介绍最基本的创新创业理论。具体的课程包含“创业学概论”“创新创业基础理论”等。

“创业学概论”是创新创业教育的基础，主要目的在于让准备创业的大学

生认识创业是什么，了解创业的准备工作，了解创业活动的步骤以及创业所要运用的知识。“创业学概论”是创新创业教育的入门课程。

“创新创业基础理论”是在“创业学概论”的基础上进一步介绍创新创业相关知识的课程，可以让大学生认识其应具备的素质和基本能力，了解国内外成功创新创业者的经验，以激发大学生的创新创业热情。

2. 大学生创新创业教育专业理论课程设置

大学生创新创业教育专业理论课程设置旨在详细地为大学生讲解创新创业过程所需的各科知识，主要包含“创新创业法律基础”“创新创业案例研究”“管理学”“市场营销学”。

“创新创业法律基础”是开展创新创业教育最基础的课程，其目的是为大学生介绍中国的法律环境，主要是与创新创业过程有关的法律法规，具体包含《中华人民共和国公司法》《中华人民共和国行政处罚法》《中华人民共和国行政诉讼法》《中华人民共和国行政复议法》《中华人民共和国知识产权法》《中华人民共和国劳动法》《中华人民共和国环境保护法》《中华人民共和国民法典》等。通过该课程的学习，大学生能够知法、懂法、守法，在法律范围内开展创新创业活动，做到自己不犯法，同时也懂得用法律武器保护自己。

“创新创业案例研究”是让大学生了解真实案例，找到创新创业成功或失败的关键环节，并能够从失败案例中吸取教训，避免重蹈覆辙。

“管理学”是企业管理的基础性课程，大学生必须了解管理学，通过该课程的学习学会计划、组织、管理、决策等管理中的常规性过程和步骤，学会对市场做出正确的评价和选择，提高把握市场机遇的能力，最终达到以最小的成本投入获得最大的利润这一目标。

“市场营销学”是介绍市场基本规律和特点的课程。通过该课程的学习，大学生可以对市场这一概念产生深刻的认识，为其在创新创业活动中把握市场机遇奠定基础。该课程主要介绍市场环境、消费者市场行为以及如何进行市场分析，使大学生对市场营销活动的基本程序和方式方法有详细的了解和认识，使大学生在创新创业活动中能正确运用市场营销手段，获得市场份额。

3. 大学生创新创业教育辅助课程设置

大学生创新创业教育辅助课程是为进一步提升大学生的创新创业活动质

量而设立的，是一类由多学科构成的课程体系。设置该课程，应考虑不同大学生的特点，充分考虑大学生的学科背景、知识基础、兴趣爱好等，尽可能地满足不同大学生的需求。辅助课程还应将重点放在激发大学生的创新创业兴趣、企业家精神、创造性思维，开阔大学生的视野等方面。高校可以结合自身的师资力量，充分合理运用现有的师资资源。[①]考虑到大学生创新创业教育专业教师师资严重不足的现状，可以在现有师资基础上经过适当的培训来培养专业教师。例如，外语教师可充分利用语言优势，给大学生传授国外先进的创新创业教育理论及优秀的成功案例，管理学教师则可以为大学生讲解企业家精神、管理基本理论等相关知识。辅助课程应以选修课的形式开展，大学生可以根据自己的爱好选择不同的课程来学习。

（二）大学生创新创业教育的活动课程设置

大学生创新创业教育本身是一门实践性很强的课程，因此大学生创新创业教育的活动课程设置尤为重要。大学生创新创业教育活动课程旨在让大学生通过具体实践，了解创新创业活动的整体流程，并在具体的创新创业活动中找到自己感兴趣的方向，能够将自己所掌握的知识、信息、技能和资源具体运用到实实在在的创新创业活动中去，真正实现创新创业的意愿，并在此过程中能够了解和掌握创新创业活动的基本细节。大学生创新创业教育的活动课程设置可以从以下4个方面入手。

1. 大学生创新创业教育集体活动课程

大学生创新创业教育集体活动课程具有广泛性的特征，应根据高校的总体大学生创新创业教育目标，面向全校大学生设置，旨在达到让大学生全面认识创新创业活动，了解企业运作流程的目的。其开展可采用报告或讲座形式，由高校出面，在规定的时间段邀请大学生创新创业教育专家或成功的创新创业者与大学生开展面对面的交流，使大学生能够从他们的亲身创业经历中获取经验，起到培养大学生的创新创业精神和提高大学生的创新创业素质的作用。

① 刘莎.供给侧改革视阈下大学生创新创业教育课程体系构建[J].科学大众（科技创新），2018（8）：65-66.

2. 大学生创新创业教育专题活动课程

大学生创新创业教育专题活动课程是在大学生创新创业教育集体活动课程的基础上，专门针对创新创业活动中的某个环节而开展的大学生创新创业教育实践活动。大学生创新创业教育专题活动课程所选择的专题环节一般是创新创业活动中重要的环节，如营销环节、决策环节。当然，也可根据大学生的要求，就某一个他们感兴趣的环节或是他们认为有困难的环节而展开主题活动。大学生创新创业教育专题活动通常采用商业计划竞赛的形式组织开展，能培养和锻炼大学生的团队合作意识、竞争意识等。常见的大学生创新创业教育专题课程有模拟营销大赛，以及参观企业，了解企业文化和企业运作流程等活动。

3. 大学生创新创业教育项目活动课程

大学生创新创业教育项目活动课程是按照高校大学生创新创业教育的目标，在教师的引导下，让大学生在明确创新创业活动主题的前提下，自行设计创新创业活动项目，并在高校的支持下，亲自实践创新创业活动，最终完成整个创新创业活动，然后再对自己的创新创业全过程进行自我批评、自我总结，以期丰富自身的创新创业经验，强化大学生在创新创业过程中的独立判断能力、自我管理能力，培养大学生的企业家精神，使大学生在项目活动过程中得到锻炼。

4. 大学生创新创业教育项目潜在课程

大学生创新创业教育项目潜在课程强调的是在高校里营造一种创新创业氛围，通过这样的氛围来潜移默化地影响大学生，以达到培养大学生的基本创新创业品质，提高大学生创新创业教育发展水平和质量的目的。大学生创新创业教育项目潜在课程可利用高校已有的条件，开展企业家校友事迹展，邀请知名企业家定期开展交流会等形式，激励大学生开展创新创业活动，培养大学生的创新创业精神。

（三）大学生创新创业教育的实践课程设置

大学生创新创业教育实践课程有利于提高大学生对企业知识的运用，培养大学生的创新创业技能，拓展大学生观察事物的视角，发挥大学生的个人技能。大学生创新创业教育实践课程主要分为模拟创新创业实验和创新创业实践两种形式。

1. 模拟创新创业实验

模拟创新创业实验是一种创新企业仿真实验，大学生可以模拟创新创业者经历的各个阶段，体验从创新创业策划、创新创业项目选择、团队组建、管理企业到推广产品的整个历程。模拟创新创业实验可以通过案例分析的形式开展，使大学生身临具体案件，将自己想象成创新创业者，分析自己解决创新创业过程中出现的问题的各种做法。模拟创新创业实验要开设“沟通技巧与训练”“商业营销模式”“商务案件分析”“商业计划与培训体验”等课程。

2. 创新创业实践

设置创新创业实践课程是为了将创新创业理论与创新创业实践相结合。大学生创新创业实践可以通过两种方式进行：一方面可以利用校内的专业实习平台，让大学生进入高校的后勤、投资等部门进行体验，使其能够积累丰富的与人交往的社会经验；另一方面可以开展校企合作方式，通过与企业的沟通和洽谈，让更多的大学生进入企业内部实习，了解企业的经营与发展模式，积累处理各种问题的经验，为其创新创业打下坚实的基础。

二、大学生创新创业教育课程体系的优化策略

（一）构建三个层面的课程目标

高校可将创新创业课程目标分为三个层面：宏观、中观和微观。宏观层面上的课程目标应该是面向大学生，培养他们的创新意识、创新能力以及创新精神，突出创新创业课程的应用性，即为地方输送人才。这些人才既可以是自己开办企业的“自主创业”人才，也可以是将创新创业能力和创新创业知识运用到未来工作岗位的“岗位驱动式创业”人才。高校应加强与人才市场的联系，使培养的人才与当前社会的人才需求相匹配，更好地促进地区甚至整个社会的发展。中观层面上的课程目标则要考虑突出高校的学科优势。大部分高校已具备自己的学科特色，有的以农林类为优势学科，而有的以财经类为优势学科。高校可根据不同的学科专业特点制定侧重点不同的课程目标，形成鲜明的学科优势和人才培养优势，以此突出课程目标的特色。微观层面的课程目标则

是指课程体系中每一门课程的目标。教师应根据课程的内容和特色制定相应的目标。

（二）构建“阶梯式”的课程结构

高校优化大学生创新创业教育课程体系应注意把握进阶性和延续性两个原则。进阶性是指课程体系应根据年级从低到高设置为一个由浅入深的过程。面向大一学生，应开设创新创业基础课程类的通识必修课，教授的内容应容易理解，目的是使大学生对创新创业有一个简单的认知，让大学生对未来的职业有初步规划。大二和大三上半学期的课程主要是为扩大大学生的创新创业知识面而开设的个性化选修课程。大学生们可根据自己的兴趣自行选择课程，如经营管理、市场运作、法律与政治等方面的课程。另外，开设与专业融合较高的创新创业必修类课程。这个阶段的大学生已有一定的专业知识储备，开设该方面的必修课程可使大学生更加了解该专业的未来发展，对自己未来的职业生涯有一定的规划。大三下半学期和大四上半学期的课程应侧重于创新创业实操性通识必修课，讲解一些面试技巧或者自行创新创业方面的知识。与大一及大二的课程相比，该阶段更侧重于实践训练，以提高大学生创新创业能力。

课程体系的延续性是指高校可针对创新创业能力出众的大学生开设延续性的精英体验课，使这些大学生在今后的创新创业中更容易取得成功，并对进行创新创业的学生提供理论知识和资金的支持。各高校一定要重视课程结构的合理性，将创新创业理论和实践课程贯穿于高等教育的全过程，发挥自身特色和优势，保证大学生创新创业教育能充分落实。

（三）增强课程内容的时代感

首先，各地高校可联合创立全国性的创新创业课程资源平台，并将各自的创新创业课程内容资源上传至平台，如教材、PPT等。高校之间可相互借鉴、相互提高，使高校的课程资源形成合力，提高课程内容的质量及其广度与深度。其次，高校也要积极调动社会资源，开展多种形式的校企合作，为大学生构建实训平台，切实提高大学生的创新创业实践能力。再次，在新时代，随着我国社会经济全面快速发展，课程内容也应顺应时代潮流，结合当前经济社会发展的最新动态，及时将学科的专业动态以及各个行业发展情况融入创新创业课程的内容，使课程内容及时更新，提升大学生创新创业教育水平，培养大学生识别创新创业机会的敏锐度。最后，创新创业课程要以专业课程教学为依托，围绕专业课程进行教学，从而让大学生感受到创新创业课程的实用性，以及创新创业课程在今后的工作中发挥的作用。例如，对电子商务专业的大学生来说，当教师向学生传授创新创业精神时，可以提到当今时代阿里巴巴、拼多多、京东这中国三大电商巨头，并融合相关的案例，使内容更为生动。在对大学生进行创新创业技能训练的同时，可向大学生提及网络营销课程中的项目宣传推广、网络营销推广。①专业课教师和创新创业课教师也可相互探讨交流“专创”如何融合，充分发挥大学生的主观能动性。

（四）完善创新创业课程评价机制

高校应建立多元化的评价机制，包括多元化的评价阶段、多样化的评价主体和多元化的评价方式。首先，教师不仅要对大学生的理论知识进行考核，还应对大学生的实践能力进行评估。高校可通过举办创新创业大赛以及商业实践等形式来检验大学生的实践能力。教师也要对自身的授课情况加以评价，以此反思和总结自身的优点与不足。其次，评价机制不仅要重视教师对大学生的评价，而且要重视大学生对教师的评价。大学生是教学质量的真实体验者，相比于高校，大学生更有资格对教师的教学进行评价。高校可通过调查问卷的形式来让大学生评价教师，并提出教师教学的优点以及需要改进的地方，而不单单是对教师综合能力的满意度进行评价。通过这些评价，教师可以意识到自身的不足之处，高校也可以组织教师向优秀教师代表学习。高校也应对已经毕业的大学生进行在线调查，让其评价在高校所学习的创新创业知识对自己是否有帮助，以及在工作中发现自己哪方面的能力与素养是欠缺的，以使高校更好地改进。建立长期有效的课程评价机制，能够提升创新创业课程的质量，促进教学持续改进，从而提高人才培养质量。

（五）加强创新创业课程的数字化建设

创新创业课程体系建设是一项与时俱进的基础性工作。高校要主动应对数

① 张玉波，陶勇，汪力君，等.行业特色本科院校大学生创新创业教育课程体系的改革与实践[J].安徽职业技术学院学报，2018，17（3）：1-4.

字化发展带来的挑战，直面当前存在的问题，创新求变，不断加快推进创新创业课程数字化建设，持续提升师生的获得感和满意度。

1. 善用数字化思维转变课程理念

“为谁培养人、培养什么样的人、如何培养人”是高校各项工作必须首先回答的根本问题，大学生创新创业教育也不例外。在数字化时代，高校必须以育人为主线，善用数字思维及时更新转变创新创业课程理念，为实现大学生创新创业教育高质量发展打下坚实的基础，这也是大学生创新创业教育适应数字化转型和培养数字人才的关键。具体而言，一是高校领导班子要明确数字化建设的课程指向，将创新创业课程融入数字化发展的大局，纳入高校课程改革的统筹规划中，多措并举推动数字技术赋能课程建设。二是创新创业课程建设管理部门要在数字技术应用上下功夫，增强对信息化的业务敏锐性和开发敏捷性，促进创新创业课程的数据化，加快数字化在创新创业课程中的融入，并筑牢安全技术防线。三是教师要充分认识数字化的紧迫性和必要性，不断挖掘数字化教育内在的育人优势和价值，更好地重塑数字技术应用于创新创业课程的目标、内涵和边界，加深对数字技术在课程设置、内容、主体、方式等方面创新发展的认识。此外，还要牢固树立和运用数字思维，依托数字教学平台分析教情、学情，创新数字化课程的授课模式，探索媒体化、情境化、形象化的教学方式，最大限度地形成有效的协同育人合力，从而激发大学生的学习主动性和创造积极性。

2. 赋能数字化建设，革新课程教学方法

创新创业课程体系建设适应数字化的关键之处在于教学方法的革新。高校要充分认识到大学生创新创业教育在数字化时代要实现更优质的发展，就要科学地建构综合性、跨专业、项目化的课程，更要吃透、悟透教学策略与方法。一是要重视大学生创新创业教育综合课程教学，特别是高校的教育主管部门，要充分运用数字技术对管理学、会计学、政治学、经济学等学科领域进行知识重塑与整合，科学有序地推进课程研发，有效构建大学生创新创业教育的主体框架以形成综合性课程教学大纲，让大学生形成数字思维和全面发展的综合能力。二是要从专业领域角度深入建设课程，合理运用数字技术分析专业课程与创新创业课程的契合点，让大学生的创新创业意识、创新创业机会和创新创业项目在所学的专业领域中得到充分培育。三是要以项目为桥梁引导大学生走向实践学习，基于大学生的兴趣实现“教、学、做、创”一体化，构建创新创业“实践课程—实战训练—数字技术赋能—项目孵化”等环节和流程，实现“知识—技术”一体化。此外，高校还要注重发挥数字技术优势构建课程评价体系，善于运用数字技术帮助大学生分析在创新创业课程学习和项目孵化过程中遇到的问题，并以数据清单的形式转化为大学生在创新创业领域发展的指南。

3. 运用数字化技术充实课程内容

高校可以运用数字技术精准分析创新创业课程模块与大学生实际需求的契合度，以此形成界定清晰的课程内容，为适应各层级大学生的学习做好前期准备。在根据数字技术对大学生在创新创业意识、创新创业能力、创新创业实践等方面的需求进行精准分析和解读后，可将高校的创新创业课程分为基础类课程、提升类课程、实践类课程、实训类课程。基础类课程以全体大学生为教育对象，贯彻大学生数字化时代的创新思想、创新创业选择以及创新创业认识，激发大学生对创新创业的兴趣。提升类课程主要针对有强烈的创新创业意愿和在创新创业领域善于钻研的大学生，进一步提升这部分大学生的创新创业技能、技巧、技术。实践类课程主要面向具有扎实的创新创业知识和能力的大学生，旨在提升他们创新创业的综合能力。实训类课程依托创新创业孵化园、大学生实训基地等场所，配备创新创业导师，有针对性地开展从思维构建到成果落地的全过程创新创业训练。此外，高校还要注意研究生与本科生课程内容的区分，注重培养研究生管理自己的学术生涯、职业生涯以及开拓事业的能力。

4. 通过数字化转型丰富课程资源

随着数字技术在教育领域的不断发展和应用，创新创业课程资源的数字化建设和开放共享已成为大学生创新创业教育发展的必然趋势。通过数字化建设和开放共享，高校可以充分发挥创新创业课程资源的优势，提高教学质量和效果，更好地促进数字化互联互通学习氛围的营造。一是建立统一的平台和标准。高校应加大投入建立数字化资源平台，及时获取前沿课程的资源和信息，统一整合和优化课程资源，提高资源的可用性和操作性；同时，制定统一的技术标准和格式，推动资源的共享和交流。二是课程资源动态调整，运用大数据、云计算分析创新创业课程资源、教学模式、实践平台等方面存在的问题，找出促进创新创业课程改革的有效路径，培育创新创业文化，加快师资队伍建设，促进大学生创新创业教育的可持续发展。三是整合学习资源，防止大学生的学习过度碎片化。高校可以充分利用校园网络，随时随地为大学生提供优质学习资源信息。此外，高校还可以联合地方政府、企业、工业园区等最大限度地实现合作研究、资源共享和联合开发，为大学生创新创业教育的发展提质增效。

综上所述，创新创业课程体系的数字化建设是科学使用数字技术对大学生创新创业教育课程体系进行重塑的重要手段。推进创新创业课程的数字化发展，是数字时代所趋，也是推动大学生创新创业教育高质量发展和培育数字化人才的时代所需。基于数字化发展的前沿技术，高校应抓住发展机遇，在课程理念、方法、内容、资源等方面持续进行深入研究，全面加快创新创业课程数字化建设的进程。

第三节　大学生创新创业教育教学体系的构建

大学生作为社会未来发展的主力军，其创新创业能力的培养具有深远意义。随着高等教育改革的不断深化，构建完善的大学生创新创业教育教学体系迫在眉睫。它不仅有助于激发大学生的创新创业思维与创新创业热情，更能为其提供系统的知识、技能与实践平台，使其在踏入社会后能够更好地适应市场需求，依靠创新创业成果与创新创业项目开辟新的天地，为个人价值的实现与社会的繁荣发展注入源源不断的活力。

一、大学生创新创业教育教学体系的总体思路构建

（一）以大学生需求为导向的个性化培养路径规划

通过深入调研不同专业、不同年级、不同兴趣特长大学生的创新创业需求与期望，可知大一学生更需要基础的创意启发与职业探索引导，大二、大三学生则渴望将专业知识与创新创业实践初步对接，而高年级学生尤其是有明确创

业意向的大学生则急需深入的项目实战指导与资源对接。基于此，高校应构建个性化的培养路径，如为有创意设计天赋的大学生提供创意产品商业化课程与设计竞赛平台；为擅长技术研发的大学生匹配技术成果转化指导与产学研合作项目；为有志于从事商业运营的大学生定制商业模型构建、营销策略制定等专项培训，使每个大学生都能在大学生创新创业教育体系中找到契合自身发展的路线。

（二）分层次的教学培养方案制订

大学生创新创业教育教学培养方案应该分层次、分阶段制订，并且根据不同层次的培养任务安排好教学进度和考核方式。

第一层次为普及性的大学生创新创业基础教育。这个层次的大学生创新创业教育要面向全体大学生普及创新创业基础知识，其课程一般安排在大学生进入高校学习的前期阶段，如一年级和二年级，以选修课为主，强调大学生创新创业教育、专业教育和基础知识的融合，重视组织大学生参与第二课堂活动中的讲座报告、论坛沙龙、社团活动等，考核方式以考察为主，考核要求不高。

第二层次为具有针对性的大学生创新创业专业教育。这个层次的大学生创新创业教育是给部分对创新创业比较感兴趣的有潜质的大学生提供专业理论知识和创新创业技能的辅导，其课程一般安排在高校学习的后期阶段，如三年级或者四年级，以选修课和必修课为主，内容以企业管理能力教育为主，强调创新创业专业技能，重视引导大学生参与第二课堂活动中的创新创业计划大赛、商业模拟竞赛、创新创业基地实践活动和训练等，考核方式仍然以考察为主。

第三层次为具有特殊性的大学生创新创业实践教育。这个层次的大学生创新创业教育主要是为少部分创新创业条件成熟的大学生提供创新创业培育和孵化指导。这些大学生已经可以被称为“大学生创新创业精英”，基本具备创办企业的各种素质能力，因此对他们的教学是经过特别制定的，其计划和进度与一般的教学有所区别。这类大学生创新创业的考核以创新创业成功率为标准。①

① 赵建军，曾小剑，刘沐鑫，等.大学生创新创业教育教学体系的改革与构建[J].辽宁科技学院学报，2023，25（1）：42-44，94.

（三）跨学科融合的课程生态打造

高校要打破传统学科界限，建立跨学科的创新创业课程生态，将经济学、管理学、法学、心理学、计算机科学等多学科知识有机融合于创新创业课程体系之中。例如，在创新创业思维课程中引入心理学的认知偏差理论与创造力激发方法；在创新创业项目管理课程里结合计算机项目管理软件应用与管理学的项目规划、组织协调原理；在商业法律风险防范课程里融合法学专业的知识产权法、合同法等内容与商业案例分析。通过跨学科课程生态，可以培养大学生综合运用多学科知识解决创新创业过程中复杂问题的能力，提升其在多元领域交叉创新的可能。

（四）“线上＋线下”一体化教学模式构建

在线上教学方面，高校可利用丰富的网络资源搭建大学生创新创业教育在线学习平台，提供海量的创新创业课程视频、电子书籍、案例库、在线测试题库等学习资源，方便大学生随时随地自主学习。同时，高校还可开设线上直播课程、网络研讨社区，邀请专家学者、创新创业成功人士进行线上讲座、答疑解惑与互动交流。在线下教学方面，则侧重于实践操作与深度体验。高校可开展创新创业工作坊、模拟创新创业公司运营、企业实地考察调研等活动。例如，组织大学生分组成立模拟创新创业公司，在校园内模拟真实的商业运营环境，让大学生从产品研发、市场营销到财务管理等各个环节进行实战演练，并定期邀请企业高管进行现场点评与指导，实现线上理论学习与线下实践体验的无缝对接与相互促进。

（五）产学研协同的实践网络编织

高校要强化与企业、科研机构、产业园区以及政府部门之间的协同合作，编织全方位的产学研实践网络。高校可与企业建立联合培养基地，由企业为大学生提供实习岗位、创新创业项目需求以及导师资源，高校则为企业输送创新创业人才与前沿研究成果。高校还可与科研机构合作开展科研项目孵化转化工作，推动高校科研成果走向市场应用。产业园区能够为大学生创新创业提供场地、政策扶持与产业配套服务。政府部门则能在政策制定、资金引导、项目审批等方面提供宏观支持与保障。总之，高校可以通过编织产学研协同实践网络，为大学生提供丰富的创新创业项目资源、实践机会、政策红利与产业支撑，提升大学生创新创业的成功率与可持续发展能力。

（六）动态跟踪与持续改进的质量保障闭环形成

高校应建立对大学生创新创业教育教学体系的动态跟踪机制，从课程教学效果、大学生实践成果、项目孵化成功率、毕业生创新创业情况等多维度收集数据信息，定期进行分析评估。例如，每学期末对课程教学反馈进行汇总分析，每年对大学生创新创业项目的运营数据进行深度挖掘，在每届毕业生毕业后对其创新创业轨迹进行跟踪调查。根据评估分析结果，可以及时发现大学生创新创业教育教学体系中存在的问题与不足之处，如课程内容陈旧、实践指导不到位、资源对接不畅等，进而有针对性地制定改进措施并加以实施，形成动态跟踪、评估分析、问题发现、改进实施的质量保障闭环，确保大学生创新创业教育教学体系始终保持高效运行与持续优化。

二、大学生创新创业教育教学体系构建原则

（一）实践性原则

高校在大学生创新创业教育教学体系构建过程中，要充分遵循实践性原则，帮助大学生在课程学习中积累创新创业经验、培养创新创业热情、提高创新创业技能；帮助大学生全面树立创新创业意识，同时吸纳更多的有识之士参与到创新创业课程教学活动中来，为壮大人才队伍做好准备。教师要结合实践性育人活动，帮助大学生在校期间有效建构创新创业思想理念，积累实战经验，科学开展高质量、高效率的学习活动；要帮助大学生分析当前经济发展的现状和前景，开拓大学生创新创业思维，并能结合创新创业方向，制订详细的创新创业计划；要让大学生在实践学习过程中，增强自我学习、自我提升的技能，主动性地提高实践水平。大学生在提高自身核心素养过程中，也要增强对创新创业课程体系的探索，不仅要学习知识、塑造本领，还要能理解课程之间的关系及其关键节点，主动探索学习技能，全面掌握创新创业方法与技巧，增强自身的实践能力。

（二）科学性原则

大学生创新创业教育教学体系构建要遵循科学性原则，通过基于对一段时期内社会经济形势的有效分析，在充分积累相关数据资源、掌握行业内部规律的基础上，制定详细的课程标准、课程方案以及具体的教学内容，为高质量、高效率开展大学生创新创业技能培训活动奠定牢固的基础。教师一方面要理解社会环境、经济氛围，认清历史规律和发展大势；另一方面要遵循课程标准和方案，以课程内容为线索，合理制订育人计划和教学方案。教师还要有效提高创新创业专业课程体系构建实效，让大学生在丰富性、多样性的课程体系中，感知科学性原则的价值；有效提高对经济发展的摸底工作，确保大学生在创新创业工作中，提升综合能力，强化核心素养，为高效开展创新创业实践活动拓宽路径。大学生在创新创业教育教学体系构建过程中，要端正学习态度，提高综合技能，有效开展实践性探索活动，为在教师引导下的自主探索奠定情感、知识和能力基础。

（三）自主性原则

大学生创新创业教育既然是高校结合区域社会经济发展情况所开展的教育工作，为了全面增强高校育人实效，凸显高校育人特色，教师就必须结合大学生创新创业教育教学体系的建构目标，合理制订详细育人方案，有效锻炼大学生自主创新创业的能力，使大学生在创新创业的具体实践过程中，将理论知识与实践过程有机融合，通过有效积累经验，提高对知识的应用技能，为创新创业实践活动提供优质的“源头活水”，从而在探究学习过程中，全面提升创新创业核心素养，为未来开展创新创业活动奠定坚实基础。在育人过程中，教师还要结合自主性能力培养目标，有效培养大学生的实践技能，让大学生深入掌握学科知识内涵，增强个人核心竞争力，为开展自主性创新创业实践活动拓宽渠道。

三、大学生创新创业教育教学体系构建方法

（一）以“专创融合”构建创新创业课程体系

“专创融合”指专业和创新创业的融合，即在“专业引领”的前提下，高

校根据专业的优势，依托校企合作、工学结合等方式，逐渐形成创新创业课程体系。创新创业课程体系的构建一般要经过四个阶段的发展和完善。第一个阶段是明确方向。高校可依据区域产业优势和资源优势，借鉴其他高校的有益经验，进行创新创业师资和教学设施的配备和建设，确立“专创融合”的重点和方向，开发创新创业课程，搭建创新创业实训实习基地，将其导入在校生的培养中，进行小规模的试点。第二个阶段是总结提升。高校可对试点的师生进行广泛的问询和调查，通过细致梳理、认真研讨，寻找不足与局限；并借鉴其他高校的成熟经验，扬长避短，通过针对性培训提升任课教师专业能力和教学能力，加快教材更新，加强实训实习，初步形成符合大学生特点的创新创业课程体系。第三个阶段是健全课程体系，打造特色课程。高校在充分挖掘自身大学生创新创业教育资源和优势的基础上，需不断加大专业课程的融入力度，要求专业教师在日常教学和校企合作中注重培养大学生的创新创业意识，从而在专业学习中寻求创新创业契机。[①]第四个阶段是完善和推广。随着在线学习的飞速发展，大学生创新创业教育也必须与时俱进，不断开发创新创业课程体系配套教材和教学资源库，并通过大学生的反馈和建议进一步完善，从而形成更加灵活适用的“专创融合”课程体系。

（二）以“赛创融合”构建创新创业实践体系

“赛创融合”指将创新创业大赛与大学生创新创业教育融合起来，推动大学生创新创业教育教学体系的发展。具体而言，高校应根据国家创新创业政策的指引，以中国国际大学生创新大赛、“学创杯”全国大学生创业综合模拟大赛等赛事为依托，打造“赛创融合”的教育方式，构建多层次、全方位、高质量的创新创业实践活动，让每一名大学生在校期间都能够参与创新创业实践活动。这些实践活动不是单纯的某项比赛，而是包含整个大学期间与创新创业有关的一系列课堂内外的创新创业能力锻炼。通过这些实践活动，高校可以有效培养大学生的创新创业综合素质和能力，同时汲取创新创业大赛的成功经验，制订“帮扶反哺”创新创业扶持计划，进一步丰富创新创业课程和实践活动，实现“赛创”双赢。通过“赛创融合”构建的创新创业实践体系，可持续帮助

① 李喆.地方高校创新创业教育研究[M].济南：山东人民出版社，2020：53.

大学生在创新创业实践中取得进步，在创新创业中取得成功。大学生成功的创新创业经验，又能对大学生创新创业教育实践形成补充，对在校大学生产生正向有利的影响。

（三）以“研创融合”构建科技与创新创业互转体系

“研创融合”即按照国家创新创业政策要求，引导教师将科研工作与大学生创新创业教育相结合，带领大学生开展与创新创业有关的技术研发。这需要高校从学校层面进行更有针对性的系统设计和实施推进，通过“创新创业金奖训练营”等系列创新创业活动，面向全校大学生开展创新创业思维的引导和训练，帮助他们找到与专业紧密结合的创新创业意向，让师生共同以这些好点子、好创意、好想法为切入口进行技术攻关，开发出更多创新创业项目。此外，高校还可以结合创新创业技术专利进行创新创业商业模式开发设计训练。对于科研技术含量高、商业性强的专利，高校可引导大学生进行创新创业项目设计，开发出符合商业现实环境的好项目。对于大多数学生而言，这个过程使他们的创新创业精神和创新创业能力得到了充分锻炼，使他们与同龄人相比具有更强的创新创业意识。总体而言，“研创融合”可促进专业教师将科研工作与大学生创新创业教育相结合，引导大学生将专业所学与创新创业相结合，从而提升大学生的创新创业实践能力，提高他们的创新创业比例和成功率。

（四）以“产创融合”完善创新创业教育体系

“产创融合”是高等教育的重要支撑。高校应主动将人才培养融入地方产业链，通过“产创融合”完善创新创业教育体系，即按照“专业为基础、兴趣为趋向、能力为主导、社会为根本”的思路，尊重大学生个性化创新创业发展的需求，借助校企深度合作，通过相关院系的指导与配合，为创新创业团队提供项目支撑、场地设备、产业对接等，解决专业教育与创新创业教育脱节，基于课程开发的创新创业项目较少、可持续性不强等问题。[①]具体而言，高校可结合专业人才培养目标，设计项目创意、项目优化、项目路演、项目衍生四大模块，引导大学生运用专业技能解决创新创业问题，从而构建大学生创新创业教育生态圈。在项目创意阶段，高校应激发大学生扎根当地、扎根乡村创新

① 谢盛嘉.基于产教融合的职业院校创新创业教育体系构建探讨[J].职业，2024（14）：66-69.

创业的意愿；在项目优化阶段，高校应引导大学生识别商业机会，整合创新创业资源，优化商业模式，提升创新创业信心；在项目路演阶段，高校应引导大学生紧跟时政撰写创新创业计划书，涵养家国情怀；在项目衍生阶段，高校应指导大学生着手创办企业，培养大学生的社会责任感。四大模块逐级递增培养大学生的创新创业能力，引导大学生结合市场开发创新创业项目，并对项目进行优化，持续提升自身的创新创业能力，使自己具备创办企业的基本知识和技能，从而实现“产创融合”，达到通过产教融合改进和完善大学生创新创业教育教学体系的目标。

第四节　大学生创新创业教育评价体系的构建

在当今全球知识经济迅猛发展的时代，创新创业已成为推动社会进步和经济增长的核心驱动力，大学生创新创业教育的重要性不言而喻。它旨在打破传统教育的局限，将创新创业思维与创新创业实践深度融入人才培养体系，塑造具备敏锐洞察力、坚韧执行力和无限创造力的新一代创新创业者。然而，如果缺乏一套科学、系统且行之有效的评价体系，大学生创新创业教育的成效就难以精准衡量，其持续优化与深入发展亦会受到阻碍。因此，构建大学生创新创业教育评价体系迫在眉睫。大学生创新创业教育评价体系可以基于多维度的教育目标与多元化的教学模式，运用定量与定性相结合的研究方法，深入剖析教育过程中的各个环节与要素，为高校提供具有针对性和前瞻性的决策依据，促进大学生创新创业教育在理论与实践的双重维度上实现跨越式发展，为社会源源不断地输送高素质人才。

一、大学生创新创业教育评价的功能

（一）导向功能

科学、完整、可行的评价作为一项工作的“硬指标”和“参考标准”，对大学生创新创业教育的各个环节，即组织管理、目标设置、内容安排、方法选择、资源投入、后勤保障等均可以起到准确、正向、科学的引导和支配作

用，可以引导被评方关注“评什么、重点评、何时评”，思考“做什么、怎么做”。简而言之，在大学生创新创业教育中，评价的导向功能十分明显，常常是评价评什么，教师就趋向于重点抓什么；评价给予怎样的教育行为以高评价，教师就趋向于采用怎样的教育行为。当今社会环境复杂、思潮多元，高校要坚持社会主义办学宗旨，坚定培养社会主义建设者和接班人，就要重视评价的导向功能。

在大学生创新创业教育中，评价的导向功能体现在高校的工作目标以及大学生创新创业教育教学工作的方向性、指导性上。如高校是否按照国家教育方针、教育政策进行教育，是否受到大学生的认同与参与，大学生接受教育前后意向有无转变，是否投入一定数量的师资及经费，是否举办一定规模的实践活动及竞赛等。根据评价，高校可以从不同维度、不同环节对大学生创新创业教育教学的组织、实施、反馈等进行前期设计指导。

（二）教育功能

顺应时代的社会需求和教育改革发展的新趋势，对高校理念、领导观念、教师素质等都提出了新的要求。对于评价体系的学习过程实际上也是对高校领导和教师进行教育的过程，在这个过程中需要领会评价的理念、宗旨、目标等理论知识，深入评价的组织、实施、分析等实践过程，逐步提升评价能力。

在大学生创新创业教育评价中，高校要在遵循工作规律、教书育人规律和学生成长规律的同时，把握发展需求，优化内容供给、改进工作方法、创新工作载体、激活内生动力。教师要深入学习领会国家在大学生创新创业教育方面的相关政策文件与指导意见，在课堂教学与指导大学生学习的过程中传递创新意识，客观认识并主动融入评价环节。

二、大学生创新创业教育评价的原则

（一）目标性原则

高等教育的任务是培养具有创新创业精神和实践能力的高级专门人才，发展科学技术文化，促进社会主义现代化建设，其中，创新创业精神的培养最佳路径是大学生创新创业教育及其实践。因此，大学生创新创业教育要始终立足于高校人才培养的根本要求，立足思想政治工作的中心环节，明确创新创业教育发展目标和定位。对大学生创新创业教育进行评价能够使高校真正全面地分析大学生创新创业教育的当前形势、发展趋势，坚持提高大学生的整体素质、培养大学生的创新创业精神和创新创业能力这一目标，为社会培养高素质人才。

（二）科学性原则

对大学生创新创业教育进行全面、客观的分析评价需要基于数量与质量、过程与成果、长期与短期、主观与客观等多个视角，因此科学性原则尤为重要。需要高校思考如何使大学生创新创业教育评价科学可行、权威客观、符合发展目标、反映实际水平，提高大学生创新创业评价的信度与效度。此外，高校还需要思考评价采用的指标体系中各维度权重分配是否合理，方法手段是否切实可行。

三、高校大学生创新创业教育评价的基本类别

（一）主观评价与客观评价

主观评价与客观评价的区别体现在评价群体的范围划定与角度确定上，直观理解即为关注受教育者的主观满意度还是施教者的投入度。主观评价关注受教育对象的观念感受，客观评价关注教育实施者的实践与成果。然而，由于主体价值与认知的不同，观念感受不可避免地会受到受教育者专业、学识、偏好以及评价过程的影响，存在一定的偏颇，导致评价标准不易把握，甚至出现偏差与偏见。因此，在主观评价中加入客观评价，能够让评价回到适当位置，即在评价时既兼顾主体对课程的满意度，又要收集主体的课程表现及参与度数据。将两种评价方式有机衔接，既能有效克服客观评价忽视具体过程和长远效果的弊端，又能克服主观评价偏重主观感受的不良倾向，增强评价的科学性和准确性。①

针对大学生创新创业教育评价而言，高校的组织管理、课程设置、时间安

---

① 吴昊荣，李晓晓，杨颖，等.工科大学生创新创业能力评价体系设计[J].科技创业月刊，2023，36（5）：164-168.

排等内容多以数据文本形式呈现，属于客观指标，然而在评价时，还应关注主体层面的创新创业精神、创新创业意向、创新创业态度等方面的表现，获取校方目标设置与学生群体接受程度的相关素材，保证评价的全面性、真实性、有效性和精确性，真正提高评价的效度与信度。

（二）定性评价与定量评价

定性评价与定量评价的区别体现在评价材料的呈现形式与结论评定中，直观理解即为用文字或用数字进行相关描述。定性研究是对评价资料做“质”的分析，在观察、分析、归纳与描述的过程中直接对评价对象做出定性结论的价值判断，总体把握评价对象的性质和水平。定量研究则是采用数学方法对评价资料做“量”的分析，收集和处理评价材料，更加客观化、简便化地呈现评价结果。

在二者关系上，定性分析是评价的出发点、归宿和本质要求，但完善的评价必须以定量分析为基础和依据。可以说，定性分析是定量分析的前提，没有定性分析的定量分析是盲目的，而定量分析是定性分析的支撑，可以帮助定性分析更加科学合理，通过“定性—定量—定性”的过程促使其形成完整准确的分析。因此，在评价过程中将定性评价和定量评价紧密结合起来，要在总体分析把握评价对象“质”的基础上，设计和开展“量”的研究分析，再以此为依据，深化“质”与“量”相结合的分析、比较、综合，达到定性评价和定量评价的有机统一。

四、大学生创新创业教育评价内容体系构建

（一）大学生创新创业教育理念和目标的评价

大学生创新创业教育的理念和培养目标是高校开展大学生创新创业教育的重要因素，它关系开展大学生创新创业教育的全过程，体现了高校深化教学改革，不断探索与实践大学生创新创业教育，培养创新创业人才的办学指导思想。在评价高校的大学生创新创业教育理念和培养目标时，主要考察这些内容是否在其办学思想上有所体现，其课程设置、教学方式等环节是否具有大学生创新创业教育的理念，其实施的教育方式是否符合大学生创新创业教育的要求。

（二）课程设置的评价

课程设置是大学生创新创业教育的重要环节，因此必须在课程设置上做到结构合理化、内容主体化、形式多样化。具体而言，大学生创新创业教育的课程设置要体现大学生创新创业教育的特殊性，改变只重知识传承和知识教育的单一功能，促进大学生创新创业能力的提高；改革课程结构，强化知识结构的完整性，使大学生在校学习期间能够掌握有关生产、生活的“活”知识，加深教育与社会实践的联系，提高大学生终身学习的能力。此外，大学生创新创业教育的课程设置在内容上也有一定的要求，要设置多样化的课程，能够充分发挥大学生的主动性、积极性和创造性，从而培养大学生敏锐的观察力、较强的动手能力以及勇于探索的精神。

（三）大学生的学业评价

学业评价是教育评价的重要组成部分，是指以国家的教育教学大纲为依据，运用恰当的、有效的工具和途径，系统地收集大学生在各门学科教学和自学的影响下认知行为上的变化信息和证据，并对大学生的知识和能力水平进行价值判断的过程。大学生创新创业教育的学业评价主要是对大学生创新创业能力的评价，是对大学生在创新创业活动中的创新创业行为的价值判断活动。评价的客体为大学生创新创业活动，评价的主体是对大学生创新创业活动进行评价的评价者。大学生创新创业能力评价需要由大学生、高校、投资者和政府对大学生创新创业的方方面面，包括大学生自身的素质、创新创业群体的整体水平、大学生所拥有的知识产品或服务的科技含量、市场前景、技术的可靠性等方面进行评判。对大学生的创新创业学业进行评价，有利于高校对大学生创新创业教育进行评估。

（四）教师的教学科研评价

教师的教学科研评价就是根据教师的知识、技能、教学成果来对他们的优缺点以及个人价值做出描述和评判。教学科研评价应当从教师的创新创业能力、科研能力以及教学效果入手。

1. 创新创业能力的评价

教师的任务，不仅仅是教书，更重要的是育人。教师的创新创业能力是大学生创新创业教育的基础。对此，高校不仅要通过一系列手段提高教师的创新创业能力，还要注重对教师自身水平的评价。具体而言，对教师创新创业能力的评价主要包括：教师的教育动机、教育观念、教育方式、教育手段，以及教师的创新创业知识结构、创新创业实践能力等。通过评价，教师可以不断地提高自己的创新创业能力，积极尝试创新创业实践，从而提高自己的实践能力，最终提高自身的教学水平。

2. 科研能力的评价

大学生创新创业教育在我国还处在起步阶段，其方式、方法、教学内容等还有待于进一步完善，因此，教师必须投入大学生创新创业教育的研究当中。承担科研课题、参加学术活动、撰写学术论文是提高教师科研能力的有效方法。对教师科研能力的评价，旨在使教师通过科研来改善自己的知识结构，进而提高自己的教学水平。

3. 教学效果的评价

教学效果的评价是大学生创新创业教育评价的关键。教学效果的评价一般包括基本理论与基本技能。基本理论的评价可以从大学生掌握专业知识角度出发；基本技能的评价更加关注大学生在各级各类竞赛中的表现和大学生毕业后在创新创业中所展现的水平。它以社会评价为主，更能体现大学生创新创业教育的教学效果。

五、大学生创新创业教育评价指标体系构建

高校可通过查阅行业、部门或机构等相关规范、指南、标准文件，明确大学生创新创业素质教育评价目的和要求，初步确定大学生创新创业教育评价指标体系的范围和内容，构建评价指标框架。按照大学生创新创业教育的内涵、特征和需要进行大学生创新创业教育内容的评价，可以建立三个评价维度和六个一级指标，如图4-1所示。

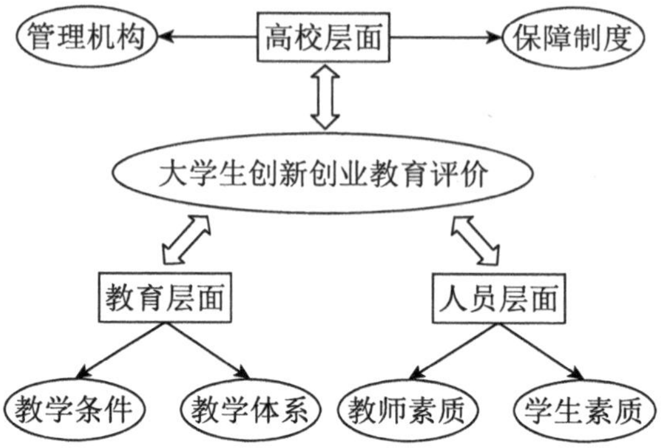

图4-1　大学生创新创业教育评价维度构成

在设置好维度后，可以通过对来源于CNKI、SCI、EI、ASCE等文献的阅读，在现有文献记录的基础上广泛收集大学生创新创业教育评价指标并提炼出相对成熟和公认的指标，然后对提炼出的指标按目标和功能进行逐级归类。

之后，采用专家调查法对于初步提炼出来的评价指标进行优化和选择。优化和选择的目的主要是检测指标的全面性、可测性及独立性，即检测指标体系是否包含了评价的各个方面，是否能通过直接或间接的方式对指标进行评价，指标评价的内容是否存在重叠交叉，同一层次的指标是否满足独立性要求等。高校可以通过专家意见征询表，要求各位专家对初步提炼的指标进行筛选、补充和分析，具体方式是让专家对各评价指标进行打钩，对指标进行选择和补充，依靠专家的个人经验、知识以及综合分析能力对评价指标进行分析和筛选，形成较为合理的评价指标（见表4-1）。

表4-1　大学生创新创业教育评价指标

指标维度	一类指标	二类指标
高校层面	管理机构	机构设置
		办事效率
		政策执行
	保障制度	师资队伍
		激励制度
		规划措施

续 表

指标维度	一类指标	二类指标
高校层面	保障制度	环境氛围
教学层面	教学体系	课程体系
		教学内容
		教学改革
		教学特色
	教学条件	经费投入
		基地建设
人员层面	教师素质	教学理念
		教学方法
		创新成果
		实践积累
	学生素质	意识形态
		心理素质
		知识构架
		竞赛活动
		实践成果
		职业资格

（一）高校层面

高校只有提供大学生创新创业教育基础保障，营造浓郁的创新创业氛围，才可能有效地实施大学生创新创业教育工作，获得丰硕的大学生创新创业教育成效。[①]其观测点包括六个方面：第一，高校是否突破常规，务实创新，转变教育观念，确立以“以人为本、面向社会、终身教育和培养创新创业人才”为核心的教育理念，并把培养大学生创新创业素质放在高校工作的中心位置，将大学生创新创业教育纳入工作议程。第二，高校是否采取形式多样的手段，积极营造大学生创新创业教育的校园文化氛围与教育环境。第三，高校领导是否

① 龚军，钟艾圻，阿不都海力力·肉孜.以高质量就业为导向的高校大学生创新创业教育评价指标体系构建[J].中文科技期刊数据库（全文版）教育科学，2024（3）：116-120.

从培养创新创业人才目标出发进行总体规划，制订切实可行的大学生创新创业教育工作计划与具体实施细则，做到目标明确，措施有力。第四，高校是否根据大学生创新创业教育的需求，建立了一批全职、兼职等教师队伍，并不断优化师资结构。第五，高校是否根据教育经费的增长情况，确保大学生创新创业教育经费的比例增加，并制定相应的奖励与监督制度。第六，高校是否建立校内外大学生创新创业教育实验室、创新创业园、创新创业孵化基地和产学研合作基地，为培养大学生创新创业能力提供直接、宽容的教育环境。

制度是否健全，管理是否到位，是大学生创新创业教育工作的主要影响因素和重要体现。其观测点包括两个方面：第一，高校是否成立大学生创新创业教育领导小组，设置独立或挂靠相关部门的大学生创新创业教育管理机构，形成一个纵向领导协调、横向协同工作的管理网络，是否设立专、兼职管理人员负责组织实施全方位的大学生创新创业教育工作。第二，高校是否制定了符合高校实际的大学生创新创业教育管理制度，相关的制度执行与落实是否到位。

（二）教学层面

教学是落实大学生创新创业教育培养工作的具体环节，是实现培养创新创业人才的具体操作过程。其观测点包括四个方面：第一，高校是否根据专业特点建立了大学生创新创业教育课程体系，并纳入人才培养方案以及主干课程的教学大纲。第二，高校是否不断优化大学生创新创业教育内容，加强跨学科、跨专业的横向联系，实现文理渗透、互相交叉。第三，高校是否加强大学生创新创业教育课程教学改革，创新设计教学模式，贯穿专业实践教学、实验教学、专业实习、毕业论文（设计）与第二课堂的教学过程，同时将课内外大学生的科技活动和企业实践锻炼结合起来。第四，高校是否形成具有本校人才培养特点的教学特色。

（三）人员层面

教师是实现大学生创新创业教育目标的根本保障，其行为活动会对大学生创新创业教育成效产生极为关键的影响。其观测点包括以下三个方面：第一，教师是否具有超前的教育观念，自觉积极开展大学生创新创业教育活动。第二，教师是否能够运用合理的教学方法，创造健康有序、宽松和谐、开放高效、激励上进的大学生创新创业教育课堂氛围。[①]同时，教师是否注重将专业教学渗透至大学生创新创业教育，使教学活动具有专业知识掌握和创新创业能力素质培养的双重功效。第三，教师是否通过团队或个人形式获得科技创新成果、科研成果，并对推动大学生创新创业教育工作起到积极的促进作用。

高校要结合创新创业人才的素质结构，围绕大学生创新创业教育的课程体系设置大学生综合素质层面指标，这样才能合理考查大学生的专业教育和文化素质水平，才能有效考评大学生的创新能力、创业能力、实践能力、创造能力。能力是完成任务、达到目标的必要条件，并且能力总是与活动联系在一起，只有通过活动才能了解一个人的能力。高校要重点考查大学生的创新能力、创业能力和实践能力，可选用的指标包括发表的论文、参与的课题、发明的专利、参加的社会实践、创新创业实践、实习等。除此之外，高校还要设置指标考评大学生的创新素质、创业素质。创新素质和创业素质不是割裂的，而是相互交融的。创新素质可以围绕创新想象能力、逻辑思维能力、批判思维能力三个方面展开；创业素质中除了创新个性、创新意识，还应当包括心理品格、法律意识等。

---

① 张伟，王海燕，陈晓朝，等.大学生创新创业能力评价体系构建与培养路径优化研究[J].职业技术，2024，23（10）：8-15.

第五章　大学生创新创业实践育人平台的构建

实践育人平台作为大学生创新创业教育的重要载体，是连接理论知识与实际应用、校园与社会、创新创业思维与创新创业实践的桥梁与纽带。构建科学、系统且富有活力的实践育人平台，能够为大学生提供丰富多样的实践机会、真实的商业环境模拟、专业的导师指导以及广泛的资源合作、项目对接，有助于深度激发大学生的创新创业潜能，有效锤炼其创新创业技能，培育其团队协作精神与坚忍不拔的创新创业品质，切实提升大学生创新创业教育的实效性与质量，为社会源源不断地输送具有创新创业精神与创新创业能力的高素质人才，有力推动创新驱动发展战略的深入实施。

第一节　大学生创新创业实践育人平台的建设现状

实践育人平台不仅是融合理论知识与实践操作的转化器，更是连接校园学术资源与社会产业需求的枢纽。深入剖析大学生创新创业实践育人平台的建设现状，对于精准把握其发展脉络、揭示其内在逻辑，进而有针对性地补齐短板、加固长板具有极为关键的意义。笔者通过实地考察与资料研究，将大学生创新创业实践育人平台的建设现状总结为以下几个方面。

一、实践平台搭建情况

（一）校内实践平台

许多高校都在积极构建校内创新创业实践平台，如创新创业孵化中心、创客空间、实验室等。创新创业孵化中心为大学生创新创业项目提供场地、设备、资金等基础资源，并配备创新创业导师给予指导，助力项目从创意走向初步运营。例如，部分高校的创业孵化中心成功孵化出多个大学生创业企业，涉及科技、文化创意等领域。创客空间则侧重于创意激发与原型制作，提供3D打印、激光切割等设备，促进大学生跨学科交流合作，产生创新想法并快速将其转化为实物模型。然而，校内实践平台也存在一些问题，如资源有限，难以满足众多大学生的需求；部分设备更新不及时，无法跟上技术发展前沿；平台之间的协同合作机制不够完善，资源整合与共享不足等。

（二）校外实践平台

高校应积极与企业、创新创业园区、政府机构等合作建立校外实践平台。企业能为大学生提供实习岗位、真实项目的参与机会，让大学生在实践中了解企业运营与市场需求。例如，一些知名企业与高校签订实习协议，每年接收大量大学生实习，让大学生在实习过程中参与产品研发、市场营销等核心业务。创新创业园区能为大学生创新创业团队提供更广阔的发展空间与政策扶持，可加速项目成长。政府机构则通过政策引导与资金支持，鼓励高校与企业开展产学研合作。[①]但校外实践平台的合作深度与广度参差不齐，部分合作仅停留在表面，缺乏长期稳定的合作规划与有效运行的机制；企业参与的积极性受多种因素影响，有时难以全身心投入大学生实践教育中；高校与校外机构在大学生管理与评价方面的协调也存在一定困难。

① 刘汉源.以实践导向的大学生创新创业教育体系建设研究[J].中国科技期刊数据库科研，2024（11）：117-121.

二、师资队伍配备状况

（一）校内师资

校内师资在大学生创新创业教育中承担着重要角色。部分教师通过参加培训、企业挂职锻炼等方式提升自身的大学生创新创业教育能力，能够教授大学生创新创业基础课程，指导大学生参与实践项目。例如，一些高校选派教师到企业挂职半年至一年，教师回校后将企业实践经验融入教学，丰富了教学内容。然而，整体上校内师资仍存在不足，如多数教师缺乏创新创业实战经验，在指导大学生时，可能无法给予精准有效的建议；师资队伍的专业结构不够多元化，难以满足不同领域大学生创新创业教育的需求；教师激励机制不完善，在一定程度上影响了教师参与大学生创新创业教育的积极性与主动性。

（二）校外导师

为弥补校内师资的不足，高校纷纷聘请校外导师，包括成功企业家、投资人、行业专家等。校外导师能够带来丰富的实践经验与行业资源，为大学生提供创新创业指导、项目评估、资源合作、项目对接等服务。例如，某高校的校外导师帮助大学生创业团队获得天使投资，推动了项目快速发展。但校外导师队伍也面临一些挑战，如校外导师的时间与精力有限，难以保证对大学生的持续指导；部分校外导师缺乏教育教学经验，在与大学生沟通交流、传授知识技能方面可能存在障碍；高校对校外导师的管理与考核机制不够健全，导致校外导师的作用未能充分发挥。

三、课程体系设置情形

（一）理论课程

高校普遍开设了创新创业理论课程，如创新创业基础、创新创业思维训练等。这些课程旨在向大学生传授创新创业的基本概念、原理与方法，构建大学生的创新创业知识体系。例如，创新创业基础课程涵盖创新创业机会识别、商业模式设计、团队组建等内容，为大学生打下了创新创业的理论基础。然而，理论课程也存在一些弊端，如课程内容往往较为陈旧，更新速度慢，难以跟上快速变化的创新创业实践；教学方法单一，多以传统课堂讲授为主，缺乏互动性与实践性，难以激发大学生的学习兴趣与创新思维；课程之间的衔接不够紧密，缺乏系统性整合，导致大学生难以形成完整的创新创业知识网络。

（二）实践课程

实践课程是大学生创新创业教育的重要组成部分。高校设置了创新创业模拟实训、企业调研、创新创业竞赛等实践课程。创新创业模拟实训通过软件模拟或真实商业场景模拟，让大学生体验创新创业过程，锻炼决策能力与团队协作能力。企业调研课程使大学生深入企业了解实际运营情况，发现问题并提出解决方案。创新创业竞赛则为大学生提供展示创新创业成果与创新创业项目的舞台，激发大学生的竞争意识与创新热情。但实践课程也有很大的改进空间，如实践课程的课时相对较少，大学生难以充分沉浸其中进行深入实践；实践课程的质量参差不齐，部分课程缺乏明确的教学目标与科学的教学评价；实践课程与理论课程的融合不够紧密，未能形成相辅相成的教学体系。

四、实践效果评估现状

（一）对大学生的评估

高校对大学生创新创业实践效果的评估主要包括项目成果评估、能力提升评估等。项目成果评估关注大学生创业项目的经济效益、社会效益、技术创新等方面，如项目是否盈利、是否解决了社会痛点问题、是否取得技术专利等。能力提升评估则侧重于大学生在创新创业思维、创新创业能力、团队协作等方面的变化，通过大学生自评、互评、教师评价等方式进行。然而，对大学生的评估也存在一些问题。比如评估指标不够全面，往往过于侧重项目成果，忽视了大学生在实践过程中的成长与努力；评估方法不够科学，缺乏客观、量化的评估工具，评价结果主观性较强；评估过程缺乏动态性，多为阶段性评估，难以对大学生实践过程进行全程跟踪与有效指导。

（二）对平台的评估

对大学生创新创业实践育人平台的评估主要从平台建设、师资队伍、课程设置、实践效果等方面进行综合考量，通过收集数据、问卷调查、实地走访等方式了解平台的运行情况与存在问题，以便进行优化改进。但目前对平台的评估也面临诸多挑战，如评估体系不够完善，缺乏统一的评估标准与规范，不同高校的评估结果缺乏可比性；评估数据的收集与分析难度较大，数据来源有限且准确性难以保证；评估结果的应用不够充分，未能有效反馈到体系的调整与优化中，导致体系建设存在一定的盲目性。

综上所述，当前大学生创新创业实践育人平台在多方面取得了一定进展，但仍存在诸多问题与不足，需要高校、政府、企业等各方共同努力，进一步完善与优化，以培养出更多适应未来社会经济发展需求的创新创业人才。

第二节　大学生创新创业实践育人平台的功能体系

大学生创新创业实践育人平台的功能体系主要包括知识转化、能力培养、资源整合、项目孵化以及文化塑造等内容。本节通过分析大学生创新创业实践育人平台的功能体系，为高校构建和完善大学生创新创业实践育人平台提供了理论依据与实践指导，以提升大学生创新创业教育的质量与成效，培养适应新时代创新驱动发展需求的高素质人才。

一、知识转化功能

（一）理论知识应用

大学生创新创业实践育人平台为大学生提供了将课堂所学理论知识应用于实际的场景。在平台上，大学生能够将所学的经济学、管理学、市场营销学、法学等多学科知识融会贯通，用于解决创新创业实践中的具体问题。例如，在创新创业项目策划过程中，运用市场营销学知识进行市场定位与推广策略制定；依据管理学原理构建团队组织架构与管理模式；借助法学知识处理项目中的合同签订、知识产权保护等法律事务。通过这种理论与实践的紧密结合，可以加深大学生对知识的理解与掌握，提升知识的转化率与应用能力。

（二）前沿知识吸收

平台要与企业、科研机构、行业协会等保持密切合作，能够及时获取创新创业领域的前沿知识与技术信息，并传递给大学生，如通过举办学术讲座、研讨会、技术培训等活动，邀请行业专家、学者、企业家分享最新的研究成果、市场动态与行业趋势。

二、能力培养功能

（一）创新创业思维训练

平台会通过多种方式激发和培养大学生的创新创业思维，如组织创意工作坊、头脑风暴活动、创新创业设计竞赛等，鼓励大学生突破传统思维定式，提出独特的创意与解决方案。在这些活动中，大学生将学会从不同角度思考问题，敢于质疑现有观念，培养思维的开放性、灵活性与独特性。例如，在创意工作坊中，大学生能针对特定的社会问题或市场需求，在导师的引导下进行自由讨论与创意发散，形成多个创新性的概念与方案，并通过进一步筛选与完善，确定具有可行性的创新项目方向。

（二）创新创业实践能力提升

为大学生提供丰富的创新创业实践机会，是平台能力培养功能的重要体现。大学生可以在平台上参与创新创业项目的策划、运营与管理，从市场调研、产品研发、商业模式设计到资金筹集、团队组建、市场营销等各个环节进行实际操作。通过真实的创新创业体验，大学生会逐渐掌握创新创业所需的各项能力，如项目管理能力、市场分析能力、财务规划能力、团队协作能力与风险应对能力等。例如，在创新创业项目运营过程中，大学生需要定期进行市场调研，分析市场数据，根据市场变化及时调整产品策略与营销方案；同时，要合理规划项目资金，制订财务预算与融资计划，确保项目的资金链稳定；此外，还要协调团队成员之间的关系，充分发挥每个成员的优势，共同应对创业过程中的各种风险与挑战。

三、资源整合功能

（一）校内资源整合

平台能够有效整合校内的各类资源，为大学生创新创业提供全方位的支持。例如，整合师资资源，组建跨学科的创新创业导师团队，包括专业教师、创新创业指导教师、科研骨干教师等，为大学生提供不同领域的专业指导与技术支持；整合课程资源，构建创新创业课程体系，将创新创业课程融入专业课程教学中，实现大学生创新创业教育与专业教育的有机结合；整合实验室、科研设备、图书馆等教学资源，为大学生的创新创业实践提供硬件保障与数据信息支持。

（二）校外资源合作

平台能够积极拓展校外资源，加强与企业、政府部门、投资机构、创新创业园区等的合作与对接。平台与企业合作，可以为大学生提供实习岗位、创新创业项目合作机会、企业导师指导等资源。企业可以将实际的商业项目引入平台，由大学生团队进行承接与开发，实现企业需求与大学生创新创业能力的有效对接。平台与政府部门合作，可以争取政策支持与资金扶持，如创新创业补贴、税收优惠、创新创业项目申报等政策资源，为大学生创新创业提供良好的政策环境。①平台与投资机构合作，可以搭建融资平台，为有潜力的创新创业项目提供资金支持与投资对接服务。平台与创业园区合作，可以为大学生创新创业项目提供入驻孵化机会，共享园区的创新创业服务与资源。

四、项目孵化功能

（一）项目筛选与培育

平台会建立严格的项目筛选机制，对学生提交的创新创业项目进行评估与筛选，评估项目的创新性、可行性、市场前景、团队实力等多个维度，选择具有潜力的项目进入孵化阶段。在孵化过程中，平台会为项目提供全方位的培育

① 丁琰.地方应用型高校创新创业教育与实践研究[M].延吉：延边大学出版社，2018：101.

服务，配备专业的创新创业导师团队，对项目进行一对一的指导，帮助项目团队完善项目商业计划书、优化商业模式、解决技术难题等。平台还会提供创新创业培训课程，涵盖创新创业知识、技能、管理等多个方面，提升项目团队的整体素质与创业能力。

（二）项目加速与转化

平台为处于孵化期的项目提供加速发展的服务与支持。平台会通过组织项目路演、创业大赛、投资对接会等活动，为项目提供展示平台与融资渠道，吸引投资机构、企业的关注与合作，加速项目的市场化进程。同时，平台会积极推动项目成果的转化与应用，促进项目与产业的对接，将创新成果转化为实际生产力。例如，在项目路演活动中，项目团队会向投资机构、企业代表展示项目的创新点、商业模式、市场前景等内容，争取投资与合作机会；对于一些具有产业化前景的项目，平台会协助项目团队与相关企业建立合作关系，实现项目的产业化生产与推广，产生经济效益与社会效益。

五、文化塑造功能

（一）创新文化传播

平台是创新创业文化传播的重要阵地。平台会通过举办创新创业文化节、创新创业成果展、创新创业人物事迹宣传等活动，营造浓厚的创新创业文化氛围，激发大学生的创新创业热情与创新创业意识；在平台内展示优秀的创新成果与成功的创业案例，让大学生感受到创新创业的魅力与价值，鼓励学生勇于尝试、敢于创新创业。例如，在创新创业文化节期间，举办创新创业成果展览，展示大学生的创意作品、专利发明、创业项目成果等，同时邀请创新创业达人、创新创业成功人士分享他们的创新创业经验与创新创业故事，激发大学生的创新灵感与创业动力。

（二）创新创业精神培育

平台注重培育大学生的创新创业精神，包括勇于冒险、坚忍不拔、敢于担当、团队合作等精神品质。通过创新创业实践过程中的挫折与挑战，培养大学生在面对困难时的坚忍毅力与不屈不挠的精神；在团队创业项目中，强调团队成员之间的协作与沟通，培育大学生的团队合作精神与领导能力；通过创新创业项目的社会责任教育，培养大学生的社会担当意识与商业道德。

综上所述，大学生创新创业实践育人平台的功能体系涵盖知识转化、能力培养、资源整合、项目孵化与文化塑造等多个方面，各功能相互关联、相互促进，共同构成了一个有机的整体，为大学生创新创业教育提供了有力的支撑与保障，这对培养具有创新创业精神、创新创业能力与社会责任感的高素质人才具有极为重要的现实意义。

第三节　大学生创新创业实践育人平台的保障体系

大学生创新创业实践育人平台为大学生提供了将创意转化为现实、将知识凝聚为生产力的宝贵机会。然而，平台并非孤立存在的，如同高楼大厦需要坚实的地基一样，大学生创新创业实践育人平台也离不开完善的保障体系。保障体系涵盖政策引导、资金支持、资源整合等多个关键环节。它不仅是平台顺利运行的坚强后盾，更是大学生在创新创业征途上披荆斩棘的有力保障。深入探究保障体系，对于优化大学生创新创业实践育人平台，培养具有创新创业精神、实践能力和社会责任感的高素质人才具有至关重要的意义。

一、大学生创新创业实践育人平台保障体系的内容

（一）政策保障

1. 国家宏观政策引导

国家出台的一系列鼓励大学生创新创业的政策法规，从顶层设计层面为实践育人平台提供了政策框架。例如，在税收政策方面，对大学生创业企业给予一定期限的税收减免，减轻大学生在创新创业初期的负担，使企业能够将更多资金投入研发、市场拓展等关键环节；在创新创业补贴政策上，设立专项补贴资金，用于支持大学生创新创业项目的启动、场地租赁、设备购置等，直接为

大学生创新创业实践提供资金助力。此外，国家在项目申报、审批流程上开辟绿色通道，简化手续，提高效率，鼓励大学生积极申报各类创新创业项目，加速项目落地实施。

2. 地方政策配套支持

地方政府依据国家政策并结合本地区实际情况，制定出台了更为具体、细化的配套政策。如一些地方设立大学生创新创业专项资金，专款专用，加大对本地大学生创新创业实践育人平台建设的投入。在场地支持方面，地方政府通过建设创业园区、众创空间等，为大学生创新创业团队提供免费或低成本的办公场地，并配套完善的基础设施，如网络通信、水电供应等。同时，地方政府还在人才引进政策上给予倾斜，为大学生创新创业企业引进高端人才提供住房补贴、子女教育优惠等便利条件，吸引人才汇聚，提升创新创业项目的竞争力。但地方政策在不同区域间存在不平衡性，经济发达地区政策支持力度较大，而经济欠发达地区可能因财政等因素限制，政策支持力度较弱，而且政策的稳定性和连贯性有待加强。

（二）资金保障

1. 政府财政拨款

政府财政拨款是大学生创新创业实践育人平台建立和运行所需资金的重要保障。中央财政和地方财政每年都会安排专项资金，用于大学生创新创业教育教学改革、实践平台硬件建设、师资培训以及大学生创新创业项目的资助等多个方面。例如，部分高校利用政府拨款建设了现代化的创业孵化中心，配备了先进的实验设备、办公设施和技术服务平台，为大学生创新创业团队提供了良好的硬件环境。在项目资助上，政府通过设立不同层次的创新创业项目资助计划，如国家级大学生创新创业训练计划、省级创业实践项目等，对经过评审筛选的优秀项目给予资金支持，帮助项目顺利启动和推进。然而，政府财政拨款受财政预算规模和分配机制的限制，资金总量可能难以满足平台建设和众多大学生创新创业项目的全部需求，且资金分配过程中可能存在信息不对称、分配不够精准等问题。

2. 社会资本引入

随着风险投资机构、天使投资人、企业等社会力量对大学生创新创业项目的关注度日益提高。积极引入社会资本成为拓宽大学生创新创业实践育人平台资金来源渠道的关键举措。风险投资机构通过专业的项目评估体系，筛选出具有潜力的大学生创新创业项目进行投资，不仅为项目提供资金支持，还带来了丰富的行业资讯、市场资源和管理经验。例如，一些知名风险投资机构专门设立大学生创新创业投资基金，聚焦于新兴科技领域的大学生创新创业项目，助力项目快速成长。企业则通过多种方式参与大学生创新创业实践，如与高校合作开展产学研项目，由企业提供资金和实践场景，由高校提供智力支持和人才资源；设立创新创业奖学金、赞助创新创业大赛等，鼓励大学生创新创业。但社会资本具有逐利性，企业在投资过程中可能更倾向于短期回报较高的项目，对于一些具有社会效益但经济效益不明显的项目不够重视，且社会资本与大学生创新创业团队之间的合作机制还需要进一步完善，以平衡双方利益诉求。

3. 高校自筹资金

高校从自身办学经费中安排一定比例的资金用于大学生创新创业实践育人平台建设，体现了高校在大学生创新创业教育中的主体责任。高校自筹资金主要用于校内创新创业课程建设、师资队伍建设、实践教学活动组织以及对本校大学生创新创业项目的小额资助等。例如，高校设立校内创新创业奖学金，奖励在创新创业实践中有突出表现的学生和团队；投入资金建设校内创新创业实验室、创客空间等实践场所，为大学生提供校内实践场地和设备支持。不过，高校自筹资金相对有限，在面对大规模平台建设和众多大学生创业项目需求时，资金压力较大，且高校资金管理机制可能相对保守，在资金使用效率和灵活性方面还有一定提升空间。

（三）资源保障

1. 校内资源整合优化

高校会整合校内各类资源，为大学生创新创业实践育人平台提供全方位支持。在教学资源方面，高校会将大学生创新创业教育融入专业课程体系，开发专门的创新创业课程和教材，打造一批具有大学生创新创业教育特色的优质课程。例如，开设创新创业基础、创新创业思维训练、创新创业项目管理等课程，构建系统的创新创业课程体系。同时，共享实验室、图书馆、科研设备等资源，为大学生创新创业项目提供实验测试、资料查询、技术研发等支持。[①] 例如，理工科实验室向大学生创新创业团队开放，提供实验设备和技术指导，帮助团队进行产品原型开发；图书馆设立创新创业专题数据库，为大学生提供丰富的文献资料和市场信息。在人力资源方面，高校会组织跨学科教师团队、学生志愿者团队等为创业项目提供智力支持和人力协助。例如，组建由计算机、市场营销、财务管理等多学科教师组成的指导团队，为科技创业项目提供全方位的专业指导；组织大学生志愿者团队协助创业项目开展市场调研、活动组织等工作。但校内资源整合过程中可能存在部门之间协调不畅、资源共享效率低下等问题，而且部分资源的开放程度有限，可能会影响大学生创新创业团队对资源的有效利用。

2. 校外资源拓展对接

平台会积极拓展校外资源，加强与企业、科研机构、行业协会等的对接合作。首先，与企业合作开展产学研合作项目，由企业为大学生提供实习实践岗位、真实项目案例、市场渠道等资源，同时接收大学生创新创业项目的产品或服务。例如，高校与制造企业合作建立产学研基地，大学生在基地实习期间可以参与企业产品研发和生产流程优化项目，企业则将大学生的创新创业成果应用于实际生产中。其次，与科研机构合作促进科技成果转化，将科研机构的前沿研究成果引入大学生创新创业项目，提升项目的科技含量。例如，高校与科研院所合作开展生物科技领域的研究项目，使大学生创新创业团队基于研究成果开发相关产品或服务。最后，与行业协会合作获取行业标准、市场信息、政策解读等资源，帮助大学生创新创业团队更好地适应行业环境。例如，行业协会定期发布行业研究报告和市场动态信息，组织行业标准培训和政策解读讲座，为大学生创新创业团队提供行业指导。

① 陶智祥，章少重，伍炜勤，等.“互联网＋”背景下高校大学生创新创业育人实践研究[J].中国科技经济新闻数据库教育，2023（7）：24-26.

（四）管理制度保障

高校应建立健全大学生创新创业实践育人平台的管理制度，包括场地使用管理、设备维护管理、项目申报与评审管理、团队入驻与退出管理等方面的制度规范。例如，制定场地使用预约制度，明确团队使用场地的时间、用途和责任义务；制定设备维护管理制度，规定设备的日常维护责任人、维护周期和报修流程，确保设备的正常运行；制定项目申报与评审管理制度，确定项目申报的条件、流程、评审标准和专家组成等，保证项目评审的公平公正。

高校还应设立专门的平台管理机构，如创新创业管理中心，负责平台的日常运营和管理工作。管理中心的职责包括平台资源的调配与整合、项目的跟踪与监督、团队的服务与指导等。例如，创新创业管理中心定期对入驻团队的项目进展情况进行检查和评估，及时发现问题并提供解决方案；同时，根据团队的发展需求，协调平台内的资源配置，如为项目急需的技术设备提供支持或为团队推荐合适的导师和合作伙伴。

综上所述，大学生创新创业实践育人平台保障体系的各项内容相互关联、相互影响，共同为平台的稳定运行和大学生创新创业实践提供有力保障。只有不断完善政策保障、资金保障、资源保障和制度保障，才能改善平台的育人效果，培养出更多具有创新创业精神、实践能力和社会责任感的创新创业人才。

二、大学生创新创业实践育人平台保障体系的优化策略

（一）创建团队化和项目化的实践机制，打造能力过硬的创新创业团队

在对大学生创新创业实践育人平台保障体系进行优化时，要注重对创新创业团队的培育和优化。高校不仅要积极引导和组织大学生成立创新创业团队，更要在创新创业教学中培养大学生的团队意识和集体精神，将团队协作能力和创新创业能力、实践能力相结合。这就需要高校创建团队化和项目化的实践机制。实践机制实施的关键，在于为处于不同维度、不同需求层面的大学生提供务实性的指导。例如，以科研立项、创新创业比赛等为契机，以大学生创新创业训练体系为根基，将二者组合为具有实践活动的团队化、项目化实践机制；通过组建团队和项目的方式，扩大大学生的参与面且加深参与深度，实现人才

资源的高效组合、优势互补。在团队的组建过程中，要通过实践吸引志趣相投的大学生积极参与，或者依托具有同一目标的创新创业项目，实现大学生的跨专业、跨院校组合，增强不同维度大学生的多向交流，从而进一步提高大学生创新创业项目的设计、规划、实施、导师配备、项目评审等方面的可控性和可行性。①

（二）构建创新创业模拟实训空间，提高大学生创新创业的实践能力

大学生创新创业实践育人平台的建设，需要打造高效的创新创业模拟实训空间，为大学生创新创业提供具体的指导方向。首先，高校应当深入调研社会对大学生创新创业的具体需求，结合大学生的群体特征、创新创业意识、创新创业观念等，有针对性地创建创新创业实践育人新平台，让大学生为创新创业做好实践准备。②其次，高校可以通过实践活动激发大学生的创新创业兴趣。例如，举办创新创业竞赛活动和创新创业项目实践活动等，组织大学生进行模拟创新创业，继而选取优秀队伍参加全国竞赛；也可以围绕竞赛主题进行科研立项，对大学生的创新创业活动进行资源支持，以强化创新创业实践的系统性教育。③另外，高校可以在实践载体中进行模拟创新创业实训，在模拟创新创业的过程中，为大学生设置训练模块，进行系统性教学，让有创新创业意识的大学生参与其中，感受创新创业实训的氛围。最后，高校可以充分利用内外部的创新创业教学资源和师资力量，开设创新创业培训班，让大学生在培训班中掌握更多的创新创业实践经验。同时，大学生也可以在高校的组织下参与社会实践，在实践中整合资源、创建项目，提升大学生的创新创业技能。

---

① 冉春秋，黄永东，崔玉波.协同创新创业教育体系的构建和实践个案研究[J].北方民族大学学报（哲学社会科学版），2019（5）：165-170.

② 黄海宁，陈喜华.协同育人机制下创新创业教育：现状、成因与举措[J].湖北经济学院学报（人文社会科学版），2019，16（11）：126-128.

③ 张建.高校大学生创新创业平台建设研究[J].管理观察，2018（35）：153-154.

（三）创建创新创业项目的实践载体，为大学生提供高质量创新创业项目

打造专业化的创新创业项目实践载体，能够有效提升大学生创新创业的效率，推动创新创业项目的具体实现。首先，高校可以通过自身的教学和科研资源，打造创新创业平台，结合专业帮助大学生打造和选择创新创业项目，提出具体的项目发展方向；选派专业创新创业教师帮助大学生组建团队，鼓励大学生基于团队特点和专业优势选择对应项目，实现创新创业项目在立意、方向和运营上的多元创新。其次，高校可以根据大学生的能力和水平，打造若干个有挑战的创新创业项目，针对创新创业中可能存在的风险，由高校负责进行项目评定和管理指导，对大学生的创新创业行为进行监督和帮助，以提升大学生创新创业项目的成功转化率。最后，高校要为创新创业团队做好平台的软硬件建设。硬件建设主要是从基础设施、仪器设备、信息平台和资金支持四个方面入手，为大学生提供创新创业所需的器材设备，为大学生动手实操提供载体。目前，我国高校提供的创新创业平台和实践载体主要是实验楼、实验园等场地载体，在信息和资金方面的建设还需要进一步加强。①

（四）创建创新创业项目的孵化载体，为大学生创新创业提供有力支撑

打造创新创业项目孵化载体，是完善大学生创新创业实践育人机制和平台的重要内容，对推动大学生将创新创业的构思、设计和实验转化为创新创业实践具有重要意义。高校既要集中自身力量打造高水平的创新创业孵化载体，又要利用政策优势、社会力量支持和产学合作等模式建强建优创新创业孵化载体。高校主要可以从六个方面进行探索：①高校对校内外的创新创业资源进行整合，让大学生顺利进入创新创业者的角色，推动创新创业项目的实践转化。②联合政府机关、企业等，积极拓展创新创业服务范围，包括信息平台、对接平台、资源平台等的建设，为大学生的创新创业项目孵化提供一体化帮助。③加强创新创业文化建设，在校园内营造鼓励创新创业的文化氛围，并寻求大

① 马仁秒.高校实践育人创新创业载体与平台建设研究[J].辽宁科技学院学报，2017，19（4）：24-26.

学生创新创业中的家校合作，争取大学生创新创业中家庭和社会的更大支持。④资源丰富的高校可以设立创新创业咨询平台，由专业的创新创业教师和团队提供咨询服务，或结合科研、产学研等项目，为具有创新创业能力和创新创业兴趣的大学生提供专业的服务，让大学生在创新创业道路上少走弯路。⑤高校在优化创新创业实践孵化对策的同时，可以通过设置创新创业项目专项扶持资金、组建创新创业项目考核团队等方式，在对创新创业项目的前景、空间和实现方式进行评定的基础上，对有前景的创新创业项目给予资金支持、信用担保以及引入企业赞助等，让创新创业成果加快转化为经济效益和社会效益。⑥为大学生创新创业项目提供实验资源，让大学生合理利用实验室资源和科研资源研发相关技术，提高创新创业项目的科技水平、核心竞争力，真正实现创新和创业相结合、专业知识和创新创业项目相结合，消除创新创业项目的低质量、同质化现象，让大学生创新创业实践育人平台真正发挥作用。

（五）加强主体赋能，促进大学生培育与平台强化

1. 大学生创新创业能力进阶培养

（1）大学生创新创业教育分层递进

首先，构建从基础认知到实践操作再到深度孵化的大学生创新创业教育体系。在大一至大二阶段，开展创新创业通识课程，培养大学生的创新创业思维和创新创业意识；在大二至大三阶段，组织大学生参加创新创业实践活动，如创新创业计划书撰写比赛、校内创新创业项目实训等，提升大学生的创新创业实践能力；在大三至大四阶段，对有潜力的创新创业项目进行深度孵化，提供专业指导、资金支持和场地保障，助力项目走向市场。①

其次，设立创新创业教育进阶奖励机制，对在不同阶段表现优秀的大学生给予相应奖励，如创新创业课程奖学金、实践项目荣誉证书、孵化项目优先推荐等，激发大学生学习积极性和创业热情。

（2）个性化创新创业辅导

首先，建立大学生创新创业档案，记录大学生的兴趣爱好、专业特长、创

---

① 吴乐乐.专创融合视角下大学生创新创业训练计划项目质量保障体系构建与实践[J].中国科技期刊数据库科研，2023（11）：131-134.

业意向等信息，根据档案数据，为大学生提供个性化的创新创业辅导方案，如为技术型大学生匹配技术研发导师，为市场型大学生安排市场营销专家指导，提高辅导的针对性和有效性。

其次，开展创新创业心理辅导和团队建设培训，帮助大学生应对创新创业过程中的压力和挑战，提升团队协作能力。例如，邀请心理咨询专家为大学生提供创新创业心理调适课程，组织团队拓展活动增强团队凝聚力，培养大学生的创新创业韧性和团队精神。

2. 平台功能优化与拓展

（1）平台数字化升级

首先，打造智能化大学生创新创业实践育人平台，在平台上集成项目管理、资源对接、数据分析等功能模块。例如，项目管理模块可以实现对创新创业项目从申报到结题的全流程数字化管理，资源对接模块可以通过大数据匹配为项目提供精准的资金、技术、人才等资源推荐，数据分析模块可以为平台运营决策提供数据支持，提高平台的运行效率和管理水平。

其次，建立线上创新创业社区，为大学生创新创业者提供交流互动平台。社区内可设置项目展示、经验分享、问题讨论等板块，促进大学生之间的知识共享和合作交流，营造良好的创新创业文化氛围。

（2）平台国际化拓展

首先，加强国际交流与合作，与国外高校、企业、创新创业孵化机构建立合作伙伴关系；开展国际创新创业联合培养项目，如大学生交换学习、国际创新创业竞赛合作等，拓宽大学生的国际视野，使其学习国外先进的创新创业理念和实践经验。

其次，引进国外优质创新创业资源，如邀请国际知名创新创业导师来校讲学，引进国外先进的创新创业课程和教材等，提升平台的国际化水平和教育质量，培养具有国际视野及竞争力的创新创业人才。

（六）注重环境优化，加强风险防控与安全保障

1. 数据安全防护体系建设

首先，采用先进的信息加密技术，对大学生创新创业实践育人平台上的各

类数据，如项目商业计划书、财务数据、技术研发资料、大学生个人信息等进行加密处理。例如，在数据传输过程中采用SSL/TLS加密协议，确保数据在网络传输过程中的保密性；对存储在服务器上的数据采用AES、RSA等加密算法进行加密存储，防止数据被非法窃取或篡改。

其次，建立数据备份与恢复机制，定期对平台数据进行备份，并将备份数据存储在异地安全场所。例如，每天对平台数据进行全量或增量备份，每周将备份数据传输至异地数据中心进行存储。当平台数据遭受损坏或丢失时，能够迅速从备份数据中恢复，保障平台业务的正常运行和数据的完整性。

2. 网络安全防护措施

首先，部署防火墙、入侵检测系统、防病毒软件等网络安全防护系统及设备，对网络进行全方位的安全防护。防火墙能够阻止外部非法网络访问，入侵检测系统能够实时监测网络攻击行为并及时发出警报，防病毒软件能够防止病毒、木马等恶意软件的入侵。例如，在网络边界设置防火墙，限制外部网络对平台内部网络的访问权限，只允许合法的业务流量通过；安装入侵检测系统，对网络流量进行实时分析，一旦发现异常流量或攻击行为，立即采取阻断措施并通知网络管理员；定期更新防病毒软件的病毒库，对平台内的所有终端设备进行病毒查杀，确保网络环境的安全。

其次，加强对平台用户的网络安全意识教育，提高用户的信息安全防范能力。例如，定期举办网络安全知识培训讲座，向平台用户介绍网络安全的重要性、常见的网络攻击手段以及如何防范网络安全风险等知识；通过平台公告、邮件提醒等方式，向用户宣传网络安全注意事项，如设置强密码、不随意点击不明链接、不轻易透露个人信息等，共同维护平台的网络安全环境。

第四节　特色专业大学生创新创业实践育人平台的构建

特色专业是高校在一定的办学思想指导下和长期的办学实践中逐步形成的具有特色的专业。具体而言，特色专业是指一所高校的某一专业，在教育目标、师资队伍、课程体系、教学条件和培养质量等方面，具有较高的办学水平和鲜明的办学特点，已产生较好的办学效益和社会影响，是一种高标准、高水平、高质量的专业，是“人无我有，人有我优，人优我新”的专业。[①]在当今创新驱动发展的时代浪潮中，特色专业的大学生作为高等教育领域中具备独特知识与技能专长的群体，正站在创新创业的前沿风口。特色专业往往依托深厚的学科积淀、独特的行业资源与前沿的技术优势，为大学生提供了区别于传统专业的差异化发展路径。然而，如何将这些特色专业资源的优势有效转化为创新创业的强大动力，构建一套系统且完善的特色专业大学生创新创业实践育人平台，成为摆在教育工作者与相关研究人员面前的关键课题。平台的构建不仅关乎特色专业大学生个人职业发展与创新创业能力的塑造，更是推动高校教育改革、促进产学研深度融合、为社会经济发展输送创新创业人才的重要举措。深入探索特色专业大学生创新创业实践育人平台的构建路径与策略，对于开启特色专业人才培养的新篇章、助力创新型国家建设具有极为深远且不可替代的意义。

一、目标定位：精准规划与多元导向

（一）契合特色专业与市场需求

1. 深入调研特色专业发展趋势

首先，针对特色专业，组织专业教师团队、行业专家以及企业代表进行联合调研。例如，对于新能源汽车特色专业，研究新能源汽车技术的发展方向，如电池续航技术的突破、自动驾驶与新能源汽车的融合等；分析市场在研发、制造、销售、售后服务等环节对人才的技能需求；通过对行业报告、专利申请情况、企业招聘信息等多渠道数据的收集与分析，精准把握特色专业的前沿动态和市场需求走向，为确定大学生创新创业实践育人目标提供专业依据。

其次，建立特色专业发展动态监测机制，定期更新数据信息。例如，每半年对特色专业相关领域的新技术、新政策、新市场需求进行梳理总结，形成专

① 彭朝晖，张俊青，杨筱玲.职业教育适应性提升职业院校专业建设特色化研究[M].北京：北京理工大学出版社，2021：16.

业发展报告，以便及时调整育人目标，确保大学生所学知识与技能紧跟时代步伐，满足特色专业大学生创新创业的需求。

2. 结合市场需求确定育人目标

首先，根据市场调研结果，制定以创新创业为导向的育人目标。以动漫设计特色专业为例，如果市场对3D动画制作、虚拟现实与动漫结合的产品需求旺盛，那么育人目标就应侧重于培养大学生在3D建模、虚拟现实动画设计等方面的创新创业能力和实践技能，使其在毕业后能够在动漫企业、游戏公司、影视制作机构等单位从事相关创新创业工作。

其次，注重育人目标的多元化与层次性。除了专业技能培养目标外，还应考虑创新创业思维、团队协作、市场开拓等综合素质目标。例如，对于农业科技特色专业大学生，不仅要使其掌握农业种植新技术、农产品加工创新工艺等专业知识，还要培养其发现农业市场新机遇的思维，使其能够带领团队开展农业创新创业项目，并具备将农业科技成果推向市场的营销能力。

（二）融合创新创业能力与专业素养

1. 培养创新创业思维与方法

首先，在特色专业课程教学中融入创新创业思维训练课程。例如，在机械设计制造及其自动化特色专业教学中，开设创新设计方法课程，介绍头脑风暴法、TRIZ理论等创新创业思维工具和方法，引导大学生突破传统设计思维局限，学会从不同角度思考机械产品的设计与制造问题。

其次，组织创新创业实践活动，鼓励大学生将创新创业思维应用于实际项目。例如，举办特色专业创新创意大赛，要求大学生以专业知识为基础，提出创新性的产品设计或工艺流程改进方案。创新创意大赛可以激发大学生的创新创业灵感，培养其将创意转化为实际成果的能力，使其在实践中加深对创新创业思维和方法的理解与掌握。

2. 提升专业实践与应用能力

首先，构建特色专业实践教学体系，增加实践教学课时比例。以药学特色专业为例，可建立从基础实验课程到专业实践课程再到企业实习的多层次实践教学环节。基础实验课程注重培养大学生的基本实验操作技能，如药物合成实验、药物分析实验等；专业实践课程侧重于综合性的药学实践项目，如药物制剂研发实践、临床药学实践等；企业实习则让大学生深入制药企业，了解药品生产流程、质量管理体系以及市场推广等实际运营情况，提高大学生专业知识的应用能力和实践操作水平。

其次，加强特色专业实践教学基地建设，即与相关企业、科研机构合作建立实践教学基地，为大学生提供真实的实践环境。例如，与生物制药企业合作建立生物制药实践教学基地，配备先进的制药设备和专业技术人员，使大学生在基地内可以参与药物研发、生产工艺优化等实际项目，在实践中提升专业素养和创新创业能力。

二、课程体系：特色导向与实践驱动

（一）特色专业课程优化整合

1. 梳理核心与拓展课程

首先，对特色专业课程进行系统梳理，确定核心课程体系。以环境科学特色专业为例，可将环境监测、环境化学、环境影响评价等课程确定为核心课程，这些课程是大学生掌握环境科学专业知识的基础。同时，根据专业发展方向和市场需求，设置拓展课程，如生态修复技术、环境大数据分析等课程，拓宽大学生的专业视野和技能领域。

其次，建立课程更新机制，及时将特色专业领域的新知识、新技术融入课程内容。例如，随着人工智能技术在环境科学中的应用逐渐增多，在环境数据分析课程中增加人工智能算法在环境数据处理中应用的相关内容，能使大学生掌握前沿的环境科学分析技术，增强其在创新创业实践中的竞争力。

2. 开设创新创业专业课程

首先，开发特色专业创新创业基础课程，如特色专业创新创业概论课程，介绍特色专业领域创新创业的基本流程、市场特点、政策法规等基础知识，让大学生对专业创新创业有初步的认识和了解。

其次，设立特色专业创新创业实践课程。该课程以实际创新创业项目为依托，让大学生分组组建创新创业团队，在教师指导下开展从项目创意构思、商业计划书撰写、市场调研到项目运营管理等一系列创新创业实践活动，在实践中培养大学生的创新创业能力和团队协作精神。

（二）跨学科课程融合构建

1. 确定跨学科融合领域

首先，根据特色专业的特点和创新创业需求，确定跨学科融合领域。以智能医学工程特色专业为例，该专业融合了医学、电子信息工程、计算机科学等多学科知识。在医疗设备智能化、医疗信息系统开发、远程医疗技术等领域进行跨学科融合，能够使大学生综合运用多学科知识解决智能医学工程领域的创新创业问题。

其次，分析跨学科融合的知识与技能需求，制订跨学科课程融合计划。例如，在医疗设备智能化领域，需要大学生掌握医学仪器原理、电子电路设计、嵌入式系统开发、人工智能算法等多方面的知识和技能。据此计划开设医疗仪器电子技术与人工智能应用课程，将电子技术与人工智能知识有机融合，为学生在医疗设备智能化创新创业方面提供知识和技能支持。

2. 实施跨学科课程教学

首先，组建跨学科教学团队，由不同学科专业教师共同承担跨学科课程教学任务。以文化遗产数字化保护特色专业为例，教学团队由考古学、计算机科学、数字媒体艺术等专业教师组成。在文化遗产数字化建模与展示课程教学中，考古学教师负责讲解文化遗产的历史背景、价值和特征，计算机科学教师负责教授数字化建模技术，数字媒体艺术教师负责指导大学生进行文化遗产的数字化展示设计。通过多学科教师的协同教学，可以培养大学生的跨学科思维和综合应用知识的能力。

其次，采用项目式跨学科教学方法，以跨学科项目为载体组织教学活动。例如，在城市规划与智能交通融合的跨学科课程中，以城市智能交通系统规划项目为载体，让大学生分组完成项目任务。在项目实施过程中，大学生需要运用城市规划学知识进行交通系统布局规划，运用计算机科学知识开发交通智能管理软件，运用交通运输工程知识进行交通流量分析等，通过项目实践提高了跨学科解决问题的能力和创新创业实践能力。

三、师资队伍：多元协同与专业引领

（一）校内师资团队建设

1. 选拔与培养专业教师

首先，选拔具有丰富专业知识和一定创新创业实践经验的教师组建特色专业创新创业教学团队。例如，从材料科学特色专业教师中挑选具有材料研发创新创业成果和企业合作经验的教师。这些教师不仅能够传授专业知识，还能分享自己的创新创业经验和创新创业感悟，为大学生提供更具实践性的教学内容。

其次，持续开展校内教师创新创业培训，提升教师的创新创业教学能力。培训内容包括大学生创新创业教育理论、实践教学方法、项目指导技巧等。例如，组织教师参加大学生创新创业教育师资培训班，邀请国内外知名大学生创新创业教育专家进行授课和经验分享；选派教师到企业挂职锻炼，深入了解企业运营管理和市场需求，以便更好地将企业实践经验融入教学过程。

2. 鼓励教师参与创新创业实践

首先，建立教师创新创业激励机制，鼓励教师参与特色专业领域的创新创业项目。例如，对参与创新创业项目并取得一定成果的教师，在职称评定、绩效考核、教学工作量计算等方面给予适当倾斜。教师通过参与项目，可以将最新的创新创业实践经验和成果引入课堂教学，提高课堂教学的实效性和吸引力。

其次，支持教师开展大学生创新创业教育研究，提高教师的教育教学水平和科研能力。例如，设立校内大学生创新创业教育研究专项课题，鼓励教师围绕特色专业大学生创新创业教育的课程体系建设、教学方法改革、人才培养模式创新等方面开展研究，探索适合特色专业大学生创新创业教育的规律，为实践育人平台的构建提供理论支持。

（二）校外导师队伍引进

1. 聘请行业专家与企业家

首先，广泛聘请特色专业领域的行业专家和企业家作为校外导师。例如，对于服装设计特色专业，可聘请知名服装设计师、服装企业高管等作为校外导师。校外导师可以为大学生提供行业最新动态、市场需求信息、设计理念与技巧等方面的指导，同时分享自己的创新创业经历和企业管理经验，帮助大学生了解服装设计行业的创新创业环境和商业运营模式。

其次，建立校外导师资源库，根据大学生的创新创业项目需求和专业方向，为大学生匹配合适的校外导师。例如，在大学生开展智能建筑设计创新创业项目时，从资源库中筛选具有建筑智能化领域经验的专家和企业家作为导师，为大学生提供具有针对性的指导和资源合作、项目对接服务，提升大学生创新创业项目的成功率。

2. 校外导师指导与合作机制

首先，制定校外导师指导制度，明确校外导师的指导职责、指导时间和指导方式。例如，要求校外导师每月至少为大学生提供一次面对面的指导或线上交流，参与大学生创新创业项目的关键节点决策，如商业计划书审核、项目路演指导等。

其次，建立校外导师与校内教师的合作机制，促进校内外教师之间的交流与协作。例如，定期组织校内外教师共同研讨特色专业大学生创新创业教育教学问题，共同指导大学生创新创业项目，实现优势互补，提高育人质量。通过校外导师的引入，可以拓宽大学生的视野，加强大学生与行业的联系，为大学生创新创业实践提供更丰富的学习资源和更广阔的平台。

四、实践平台：多维搭建与资源汇聚

（一）校内实践基地建设

1. 打造特色专业实验室

首先，根据特色专业需求，建设一批具有专业特色的实验室。以航空航天特色专业为例，可建设航空发动机实验室、飞行器设计实验室、航空材料测试实验室等。这些实验室配备先进的实验设备和仪器，如航空发动机试车台、风洞实验设备、材料光谱分析仪等，能够为大学生提供专业的实验环境，满足大学生在航空航天领域的实验教学和创新创业实践的需求。

其次，建立实验室开放管理制度，提高实验室资源利用率。例如，明确实验室开放预约流程，让大学生可以根据自己的创新创业项目需求，申请在课余时间使用实验室资源。同时，可以安排专业教师或实验技术人员在实验室开放期间进行现场指导，确保大学生能够安全、有效地进行实验操作，促进大学生在实验中探索创新。

2. 设立创新创业孵化中心

首先，在校内设立特色专业创新创业孵化中心，为大学生创新创业项目提供一站式服务。孵化中心应提供办公场地、办公设备、网络通信等基础设施，同时配备创新创业辅导、法律咨询等服务团队。例如，当大学生的特色农业创业项目入驻孵化中心后，可以为其提供农产品市场分析、农业企业注册流程指导、财务预算编制等服务，帮助大学生解决在创新创业初期面临的各种问题，降低创新创业风险。

其次，建立孵化项目筛选与评估机制，确保入驻项目的质量和发展潜力。例如，组织专家团队对申请入驻的项目进行评审，从项目的创新性、可行性、市场前景、团队实力等方面进行综合评估，筛选出具有发展潜力的项目入驻孵化中心。在项目孵化过程中，应定期对项目进行跟踪评估，根据评估结果调整服务策略，提高成功率。

（二）校外实践合作拓展

1. 建立校企合作实践基地

首先，与特色专业相关企业建立紧密的校企合作关系，共建校外实践基地。以软件工程特色专业为例，与软件企业合作建立校外实践基地，可以让大学生在企业实习期间参与企业的软件项目开发、测试、维护等实际工作，了解企业的软件开发流程、项目管理模式和市场需求情况，提高大学生的专业实践能力和职业素养。

其次，开展校企合作项目，实现产学研深度融合。例如，高校与企业可以共同开展科研项目合作，由企业提供项目资金和实际应用场景，由高校提供科研人才和技术支持，双方共享研究成果。同时，要将企业的实际项目引入教学过程中，作为大学生的实践教学案例或毕业设计课题，使大学生在学习过程中接触到真实的企业项目，培养大学生解决实际问题的能力和创新创业能力。

2. 参与行业协会与创新创业赛事

首先，鼓励特色专业大学生积极参与行业协会组织的各种活动，如行业研讨会、技术培训、产品展览等。例如，对于珠宝设计特色专业大学生而言，参加珠宝行业协会组织的国际珠宝展，可以了解国际珠宝设计的最新潮流、新材料应用以及市场销售趋势等信息，拓宽大学生的视野，为其创新创业提供灵感和市场信息支持。

其次，积极组织大学生参加各类创新创业赛事，如中国国际大学生创新大赛、特色专业创新创业挑战赛等。通过赛事，大学生可以与其他高校大学生和创新创业团队进行交流与竞争，展示自己的创新创业项目，得到专家评委的指导和投资机构的关注，从而提高自身的团队协作能力、项目展示能力和市场竞争能力，促进创新创业项目的发展。

五、保障机制：全面支撑与持续激励

（一）政策制度保障

1. 制定特色专业创新创业政策

首先，高校应制定专门针对特色专业大学生创新创业的政策文件，明确在课程设置、学分认定、实践教学、奖励激励等方面的支持措施。例如，规定特色专业大学生参加创新创业实践活动可以获得相应的学分，对在创新创业大赛中获奖的大学生给予额外的学分奖励或奖学金支持；在课程设置上，允许大学生根据创新创业项目需求，自主选择跨学科课程或实践课程，为大学生创新创业提供政策便利。

其次，建立特色专业创新创业项目申报与审批制度，简化申报流程，提高审批效率。例如，设立专门的特色专业创新创业项目申报平台，使大学生可以在线提交项目申报材料；同时高校组织专家进行快速评审，及时反馈评审结果，确保大学生的创新创业项目能够及时启动和实施。

2. 完善知识产权保护制度

首先，加强特色专业大学生创新创业项目的知识产权保护，制定知识产权管理办法。例如，明确大学生在创新创业过程中产生的专利、著作权、商标等知识产权的归属，指导大学生进行知识产权申请和登记，为大学生的创新创业成果提供法律保护。

其次，建立知识产权纠纷处理机制，及时处理大学生在创新创业过程中可能遇到的知识产权纠纷。例如，高校可以设立知识产权服务中心，配备专业的法律人员，为大学生提供知识产权法律咨询和纠纷调解服务，维护大学生的合法权益，营造良好的创新创业法治环境。

（二）资金资源保障

1. 设立专项基金与奖励资金

首先，高校应设立特色专业创新创业专项基金，用于支持大学生的创新创业项目。基金来源可以包括高校财政拨款、校友捐赠、企业赞助等。例如，每年从高校预算中安排一定比例的资金作为专项基金，同时积极争取校友和企业的捐赠与赞助，不断扩大基金规模。专项基金主要用于大学生创新创业项目的启动资金、研发费用、市场推广费用等方面，确保大学生创新创业项目有足够的资金，能顺利推进。

其次，设立特色专业创新创业奖励资金，对在创新创业方面表现突出的大学生和团队进行奖励。奖励包括现金奖励、荣誉称号、创业资源优先分配等。例如，对获得国家级创新创业大赛奖项的大学生团队给予高额现金奖励，并在高校创新创业孵化中心为其提供优先入驻权和更多的创新创业服务支持，鼓励大学生积极投身创新创业实践，探索创业机会和发展方向。

2. 拓展资金筹集渠道

首先，引导大学生通过多种渠道筹集创新创业资金。例如，鼓励大学生申请政府创新创业扶持资金，如大学生创新创业补贴、科技型中小企业创新创业基金等；帮助大学生对接风险投资机构、天使投资人等社会资本，通过项目路演、商业计划书展示等方式吸引社会投资；支持大学生开展众筹活动，利用互联网平台向社会公众筹集资金，为创新创业项目提供资金支持。

其次，建立资金使用监督与评估机制，确保资金的合理使用和安全管理。例如，对大学生创新创业项目的资金使用情况进行定期审计和监督，要求项目团队定期提交资金使用报告，根据项目进展情况和资金使用效益评估结果，调整资金支持策略，提高资金使用效率。

通过以上全面系统的特色专业大学生创新创业实践育人平台的构建，能够为特色专业大学生提供全方位、多层次的大学生创新创业教育与实践支持，培养具有创新创业精神、实践能力和专业素养的特色专业创新创业人才，满足社会对特色专业创新创业人才的需求，推动特色专业领域的创新发展与进步。

第六章　大学生创新创业教育实践的多元化实施途径

随着时代的变迁和教育理念的不断更新，传统单一的教育实践实施途径已难以满足大学生多元化的需求以及复杂多变的市场环境要求。因此，探索大学生创新创业教育实践的多元化实施途径成为高等教育领域的重要课题。这不仅有助于挖掘大学生的创新创业潜能，培育其创新创业精神与实践技能，使其在毕业后能够更好地适应社会、创造价值，更是高校深化教育改革、提升人才培养质量、履行社会责任的关键举措。本章将从课程教学、导师团队、学生社团、科研项目、科技竞赛这几个方面入手，分析大学生创新创业教育实践的多元化实施途径。

第一节　以课程教学为基础的大学生创新创业教育实践

课程教学作为高等教育的核心环节，为大学生创新创业教育提供了理论知识和实践经验。通过精心设计的课程体系、多元化的教学方法以及丰富的实践活动，能够激发大学生的创新创业思维，培养其创新创业能力，使他们在校园内就开始积累创新创业所需的知识、技能与经验，为日后在复杂多变的社会环境中成功开启创新创业之旅奠定坚实的基石。本节将从教学内容和教学方法两个方面入手，深入探讨以课程教学为基础的大学生创新创业教育实践，旨在为高校优化大学生创新创业教育课程教学提供有益的参考与借鉴，助力大学生在创新创业的道路上茁壮成长，成为具有创新创业精神和实践能力的新时代人才。

一、以课程教学为基础的大学生创新创业教育教学内容的设计

（一）理性认识创新创业

首先，通过对比分析发达国家或地区在高校中开展大学生创新创业教育和创业风险投资的概况与特点，大学生能充分了解国内外大学生创新创业教育的发展背景、理论价值、社会意义以及发展现状和趋势，深刻理解创新创业对国家经济发展的巨大推动作用及重大社会意义。同时，帮助大学生充分认识到知识经济时代高科技产业发展已成为国家核心竞争力的主要决定因素，在这样的时代背景下要客观分析自身情况，明确自我定位和目标，理性认识创新创业。

（二）我国大学生创新创业教育的现状

通过回顾改革开放以来我国大学生创新创业教育的发展历程，以及分析高校创业计划大赛和大学生创新创业教育的发展现状，探讨当前我国大学生创新创业教育的主要类型、方法和路径选择，结合我国大学生创新创业的典型案例研究，剖析当代中国大学生创新创业的心态、观念、制约因素和经验教训，提出可供大学生借鉴的产业领域选择、创新创业策略规划以及提高大学生创新创业成功率的对策建议。

（三）创业、创新与创业管理

通过探讨创业、创新、创业管理的概念与内涵，分析创业与创新的关系以及创业的基本类型；介绍创新的基本方法，研究从创新到创业的过程与机理；阐明创业管理的内涵与重要性；讨论创业教育、创新教育和素质教育的辩证关系，以及如何通过大学生创新创业教育提升大学生的素质，构建国家创新体系。

（四）创业者与创业团队

创业者必须具备创业者特质。创业者特质主要指创业者的特殊品质和素质。一个成功的创业者应当具备哪些特殊品质和素质呢？高校又应如何培育和发展这些特殊品质和素质呢？什么是企业家精神？如何培养企业家精神？通过课程设计，高校要让大学生领会创业者应具备的品质和素质，深刻理解企业家精神的实质，掌握创新创业能力、创新创业素质的提升途径。同时，使大学生充分认识到团队对创新创业的重要性，学习组建创新创业团队的思维方式及该思维方式对创新创业活动的影响，掌握管理创新创业团队的技巧和策略，认识创新创业团队领袖的角色与作用。在教学过程中，可以组织大学生进行现场交流讨论，使大学生对创新创业的整体过程有所了解，对创新创业过程的挫折及所面临的挑战有清醒的认识，了解创新、创业和新企业发展的过程与规律，了解市场以及如何发现和捕捉市场机会。

（五）市场与商机

在市场经济条件下，企业的生产经营活动不是孤立进行的。在创业伊始，企业要进行市场调研和分析，判断当前和将来企业可能所处的宏观、微观环境状况，及时把握创新创业的有利条件和市场机会，为创新创业和未来企业稳定发展提供科学依据和决策保障。掌握正确的市场调研和分析方法，及时把握创新创业的有利条件和时机，是创新创业能否成功和未来企业能否稳定发展的重要条件和基础。因此，有必要向大学生充分论述调研和分析市场环境，收集市场信息，识别、筛选和捕捉商业机会的方法；讨论创新创业时机的选择判断以及如何当机立断、快速进入创新创业状态的基本程序、步骤和方法；指导大学生学习如何从宏观环境、行业环境、目标市场和竞争对手四个方面分析市场。

（六）创新创业方案策划和创新创业计划

创业者应明确个人创新创业目标和企业目标，弄清追求创新创业目标所要面临的风险，选择好创新创业项目，进行准确的市场分析、财务评价，在此基础上，进行商业模式的设计和企业经营方式的选择。企业必须选择一个适合自己的、有效的、成功的商业模式和灵活的经营方式，并且随着客观情况的变化能不断加以调整和创新，才能获得持续的竞争力，为成功创新创业奠定良好的基础。

在创新创业之前必须制订科学周详的计划，做好充分的准备，筹措和整合必需的资源。首先，从创新创业前的准备工作和资源筹措谈起，阐述创新创业计划书的撰写程序和内容，讨论创新创业资源开发与获取的基本方法和途径，分析成功的创新创业团队的基本特征以及组建富有创新创业活力和生命力的创新创业团队的基本方法，以确保创新创业者能够获取并使用关键的人、财、物资源，支撑创新创业企业的起步。其次，正确分析创业、创新、创造三者间的关系，理解创造的核心就是创意，掌握市场分析方法和捕捉商机的方法，提高发现商机和掌握先机的能力。

在创新创业内容中可以加入大学生市场调查和商机分析，组织大学生深入企业和市场做调查，充分运用图表、统计数据，分析市场，研究商机，鼓励大学生提出创新创业思路。

（七）创新创业企业管理和激励

如何在纷繁复杂的创新创业事务中，使自己始终保持清醒的头脑，使新创企业保持正常的运行状态，是创业者必然面临和必须解决的关键问题。这部分内容关注的焦点是企业的决策管理、人力资源管理、财务管理和市场营销问题，如确保企业能进入正常运行状态，顺利进入市场并在市场上站稳脚跟；掌握创新创业初期管理决策的技巧；了解融资方式，学会创新创业融资与财务控制方法；清晰认识创新创业营销与市场开发对企业的重要性。

创新创业企业激励机制的设计是一个系统工程，不仅要有战略考虑，同时要确保具有操作性。在企业生命周期的不同阶段，激励机制设计应有所区别。激励方案设计是创新创业管理中不可缺少的部分。[①]在教学内容中，以层级激励机制设计为主线，阐述创新创业企业激励机制设计的战略性和操作性原则，讨论不同层级的激励机制和方法，重点突出投资者、创业者、研发人员作为企业的人力资本与一般员工的激励机制的不同；重点分析研究现代企业产权的基本特征、创新创业企业产权激励设计安排的原则、产权激励的不同对象和方

① 林章，刘兵，张智靓.四层递进四轮驱动创新创业教育课程体系研究[J].江苏科技信息，2024，41（15）：53-56.

法，探讨股票期权、企业员工持股计划等热点问题。

（八）创新与企业成长

创业的关键在于创新。创新在企业的各个发展阶段，都能促进创业的成功并推进企业的不断发展。本部分的学习内容主要是企业生命周期理论，使大学生学习企业在生命周期各阶段尤其是创新创业阶段的成长特点，了解并掌握创新创业企业的成长模式与特征，堵塞和防范创新创业企业快速成长中的漏洞，调控企业的发展；分析讨论创新创业企业在产品创新、品牌创新、市场创新和文化创新等方面的内容、规律与方法，以促进创新创业企业的健康成长；深刻领会技术创新、产品创新、品牌创新的特点并注重应用，理解企业文化创新的精髓。

在教学过程中，可以组织大学生到中小企业考察调研，使大学生了解企业运营环境和机制，增加直观感受。

（九）创新创业风险和危机管理

创新创业是一种高风险的活动，增强风险意识，强化风险与危机管理是每一个创新创业企业的必然选择。因此，此部分教学内容应讨论创新创业风险的类型与表现，并分别就创业前期、中期、后期的风险情况进行分析和论述，在此基础上详细讨论创新创业企业的风险与危机管理，提出降低创新创业风险、应对企业危机的相应策略；了解创新创业风险的类型，熟悉创新创业容易出现的风险，树立风险防范意识，掌握风险控制技巧。

二、以课程教学为基础的大学生创新创业教育教学方法的实践应用

从表象上看，大学生是一个完整的个体，虽然其在课堂中接受教育，但是从本质上来看，大学生并未充分调动多项机能参与教学活动，如学习动机、兴趣、情感、人格等非理性因素。这也是大学生在课堂学习中常常会感到枯燥乏味的原因。在这样的情况下，不仅大学生的好奇心和兴趣没有得到激发，教师在教学过程中也极易产生厌教的心理。因此，要改善教学效果，就必须对传统教学模式进行改革，尝试新的教学方法。

大量实践证明，在克服传统教学方式的弊端方面，案例教学法、体验教学法、项目教学法都是行之有效的教学方法，其在大学生创新创业教育中也有着非常突出的表现。其优势主要集中在三个方面：第一，自主性。大学生在课堂教学中占据主体地位，教师则主要为引导者，大学生能够有更大的空间来展示自己的见解和才能。第二，拟真性。大学生在课堂学习中若处于逼真的客观环境，便更能够融入自身角色以获得良好的学习成效。第三，交互性。信息交流由原本的单项输出，变为教师与大学生，大学生与大学生之间的多向信息交互，使大学生在学习过程中更易受到启发。但是，这种显著优势的发挥，也受到了长久以来的传统教学观念的影响，使新型的教学方式在教学实践过程中受到制约。

（一）案例教学法在大学生创新创业教育中的实践应用

与其他国家相比，我国高校开展大学生创新创业教育的时间相对较短，在新型教学方法的运用上也处于起步和尝试阶段。我国高校在应用案例教学法时，对国外的案例借鉴较多，但是结合实际国情和地方情况的国内案例较少。这就需要对案例教学法在大学生创新创业教育中的具体应用途径和方法进行深入研究。

1. 案例选材问题

案例教学法的核心就是根据所选案例的材料来引导大学生学习，因此案例的选材直接决定了该教学方法的成效。大学生创新创业教育是针对全体大学生的，而每个学生都有着不同的专业背景和学习兴趣，其个体差异性较大。对于这一状况，在选择案例时若生搬硬套，就会使很多大学生产生距离感，认为案例不能对应自己的知识基础，从而无法激发大学生的学习兴趣，也不能调动大学生的积极主动性。总体来说，在选择案例时要注重三个方面。

（1）选材的定位在于培养大学生的创新创业精神

大学生创新创业教育并不一定是要让大学生开公司当老板，而是启发大学生的创新创业精神。一方面，是为了让大学生掌握创新创业相关的基础知识、基本过程和基本技能。尽管最终只有很少一部分大学生在毕业后选择创新创业，但是其他大学生在经历创新创业精神的培养之后，也会成为创新创业的拥护者，为我国的创新创业文化建设奠定基础。另一方面，教师在教学过程中，可以及时发现对创新创业有着浓厚兴趣的大学生，引导他们组成“创新创业实验（先锋）班”之类的组织，并对这部分大学生开展个性化培养，帮助大学生走上实际的创新创业之路。

（2）选材的基本方向在于结合不同的专业特点

教师在选材时要考虑到大学生的专业特点，比如在针对计算机专业的大学生进行大学生创新创业教育时，可以选择腾讯创始人马化腾的案例进行教学，以收到良好的教学效果。高校的专业丰富多样，有许多专业是适合大学生创新创业的，如旅游、工程、艺术、体育、旅游管理等，但是很多大学生都对本专业的社会应用前景一无所知，对创新创业也是持消极态度，所以需要教师根据大学生的专业特点来合理选材、激发大学生的创新创业热情。

（3）选材遵循“就近原则”

这里所说的“就近原则”是指尽量选择国内的、当地的典型案例。这样的材料更加贴近大学生的生活，能让大学生更有熟悉感，更有兴趣，更愿意参与大学生创新创业教育活动。所以在选材过程中，不一定非西方材料不可，选择国内的材料对于大学生来说更具有实效性。一方面，从我国经济发展来看，以江浙、北上广等为主的经济发达地区的高校完全可以就地取材。另一方面，高校还可以开发校友资源，将本校毕业生成功的创新创业案例引入课堂，让大学生更有亲近感，更易于接受，从而激发大学生的创新创业精神，培养大学生的创新创业意识。

2. 教师角色问题

案例教学使大学生成为教学活动中的主体，大学生的自觉主动成为学习的关键，师生关系也得到了转变。但案例教学同样对教师的教学水平和能力展示提出更高的要求。大学生创新创业教育中的案例教学是以讨论方式为主的，而教师在这一过程中的角色定位有着重要影响。绝大多数学者认为，教师在这一过程中应当扮演“倾听者”和“引导者”的角色。

（1）“倾听”并非“放任”

这里所说的“倾听”并非指教师对大学生的发言和观点不加甄别地照单全收，而是在倾听大学生的发言和见解时，要注重大学生的观点和认识是否科学正确。由于每个大学生都有着不同的专业背景，所以在对某一问题进行辨析时可能会出现完全不同的观点。虽然问题本身可能并没有一个完全统一的答案，但这并不意味着不纠正大学生错误的认识和观点。

（2）“促进”而非“限定”

在高校中，大班级课程的人数一般在100人以上，一堂课的课时为45分钟，而在有限的时间内是很难做到让每一个学生都能发言的，所以教师可以采用分组讨论的方法，在小组成员通过集中讨论形成统一观点后，让一名代表进行发言，以此来提高大学生的参与度。但是，这种形式不能限定得过于死板，当小组成员持有不同观点时，要给这类大学生自由发表见解的机会。

（3）“引导”而非“主导”

虽然案例教学法的讨论方式是自由的，但是这种自由也是有着一定范围的。大学生在自由讨论过程中，难免会出现偏题、跑题的情况，所以教师务必要给予正确引导，让大学生始终围绕课题中心进行讨论。教师在教学过程中要注意对大学生引导的时机，要在大学生表达自己的想法之后再将自己的意见和结论说出来，因为教师先说自己的意见极有可能让大学生不敢表露自己的想法。即使大学生的观点是不正确的，教师也不能嘲笑或斥责。教师要端正心态，放下身段，保持和大学生平等的位置和心态，让大学生能够积极自由地发表自己独特的见解，营造轻松自由的学习环境。

3. 适用性问题

案例教学法对大学生创新创业教育具有非常显著的优势，但与此同时，案例教学法也存在一定的不足之处，主要表现在：一是需要投入大量的时间和精力；二是该方法对于低年级大学生来说不适用，用该方法教授知识水平较低的大学生难以取得理想的效果；三是案例教学法的教学效果不如实践教学。对于不同的高校来说，由于其条件和资源都有所不同，对案例教学法的实施会形成客观的限制，所以案例教学法的实施需要满足更多的条件。

（1）明确案例教学的目的

有一些教师对于案例教学法的目的不够清楚，认为是通过案例来让大学生进行理论分析使大学生从中学到理论知识，但案例教学法的真正目的是通过成功案例激励大学生进行创新创业，培养大学生的创新创业意识。在使用案例教学法时如果对教学目标不明确，一味强调理论分析，那么极有可能造成反向效果。

（2）案例教学法要与课堂系统讲授有机结合

案例教学法与传统的讲授法既不是对立关系，也并非转换关系，而是形成了有机的统一体。在讲授理论知识后，在进行综合实践和实训时辅以案例教学法，能够帮助大学生在案例的引导下进一步理解所学的理论知识并对其进行灵活运用，同时通过对案例展开主题讨论，激发大学生发散思维，培养大学生的创造性思维，提高其综合分析能力。将这两种教学方法有机结合，便实现了理论与实践的结合，既有实践属性又有价值导向属性，有效弥补了传统讲授法的缺陷，是一种传承与创新共存的全新教学方法。

（3）将案例教学、实践调研、多样化创新创业活动紧密结合

案例教学不仅可以在课堂内开展，还可以向课堂外、校外进行延展，如将大学生分为多个调研小组，组织大学生到企业进行实地考察和调研，并根据大学生的实地经历开展多样化的教育活动，如以小组的方式互相交流讨论关于创新创业的看法等。另外，也可以邀请成功人士或企业家到学校进行演讲和经验分享，让大学生了解更多具有时效性的社会案例，提高教学质量。

（二）体验教学法在大学生创新创业教育中的实践应用

大学生创新创业教育综合了理论、实践、操作的课程内容，相应的教学也应包含体验式、实践式和具有针对性的教学方法，否则教学内容就只停留在空洞的理论层面，而体验式教学法能够有效解决这些问题，使大学生创新创业教育更具有意义。20世纪80年代，美国著名学者大卫·库伯（David Kolb）提出了体验式学习圈理论，即通过具体的体验，观察反思、抽象概括、行动应用，让学生将学习过程看作一种新的活动过程。从提升大学生创新创业教育实效性的角度来看，体验式教学法不仅能让大学生在学习过程中获得相关的知识和技能，还可以让大学生形成认真思考、仔细观察的良好学习习惯，从而加强了教师指导实践的教学行为和方法，使大学生创新创业教育的现实困境得到解决。

1. 具体应用

体验式教学法的核心目的就是让大学生在体验过程中，认知到创新创业的精神内涵，而非简单地获得理论知识。著名音乐学家、教育家达尔克罗兹（Dalcroze）的教育理念也同样强调“感知、认知、学习、理解”的协调关联教育，从而构成了他所提出的体验律动教育理念——“在本课程结束后，不能使学生说‘我知道’，而是‘我体验到’。”这一观念与大学生创新创业教育的观念不谋而合，都是强调大学生在学习过程中的体验感，并将此作为大学生创新创业教育的前提和基础。但是，不能局限于达尔克罗兹教育理论的“学习、理解”之中，只有在体验中“验证”创新创业理论知识，并将其应用于创新创业活动中，才是体验式教学法的真正意义所在。

（1）感知体验之头脑风暴法

在大学生创新创业教育中，感知体验注重的是让大学生在体验过程中形成对知识的感知。头脑风暴法则正是利用了大学生的这种自由的想象，让大学生在问题探讨过程中激发创新创业思维，通过与大脑丰富的想象发生碰撞，帮助大学生产生创造性思维，增强创新创业意识。

（2）认知体验之管理游戏法

认知体验是客观存在对大学生的主观意识进行的作用，管理游戏法则是通过模拟情境的方法，让大学生在高校的创新创业情境中了解和掌握到各种创新创业管理的实训方法，这对于大学生创新创业教育来说是最为直接、快速、有效的一种教育方法。

（3）验证体验之角色扮演法

角色扮演法是体验式教学中最为基础的一种体验方法，同样也是通过情景模拟的方式，设定一系列与实际创新创业环境和活动相似的活动，让大学生扮演创新创业过程中各种不同的角色，对预先提出可能面临的问题，回答出能够有效解决问题的方法，以此锻炼大学生的实践操作能力、决策能力、领导能力、潜在能力、社会判断能力和良好的心理素质。

（4）应用体验之沙盘模拟法

沙盘模拟法就是通过在沙盘的盘面设定相互竞争的企业，模拟企业运营中的各个环节，真实地模拟出内外环境相一致的训练场景来进行实训。在这一体验过程中，大学生在参与沙盘载体、模拟企业经营、对抗企业演练、教师现场评估、自我感悟等一系列实践环节中，能够有效地将理论知识与实践相结合，将自身的角色扮演和岗位体验融为一体来激发思维，从而能够在市场分析、策略制定、营销策划、生产组织、财务管理等一系列活动过程中认知到创新创业的规律。

2. 主要问题

体验式教学法的主要特征就是大学生的主动参与、主动探索、主动操作和自主管理，从而增强大学生的创新创业意识。在课堂中采用体验式教学法时，要注意不要走进“课上热闹、课下无效”“乐趣很高、效果不好”的这种恣意化和虚假化的体验迷途。

（1）大学生创新创业教育教学中的体验恣意化

体验式教学法在大学生创新创业教育中模拟出了具有一定真实性的创新创业环境和平台。这使得教师和大学生的角色发生了转变，教师由传统的主导角色转换为引导、监督角色；大学生则从传统的被动接受者转变为自主学习者。大学生的主体地位被不断确定，其自主权也被无限放大；教师在充当监督者和引导者的同时则容易出现恣意化的表现，忽略了对课堂整体的主导和把握，如言语恣意化、管理操作恣意化、角色体验恣意化。为了避免这种现象的发生，就需要教师在大学生的体验过程中，对大学生的体验活动做出引导、定位、点拨。①

对于言语上的恣意化，教师可以在体验活动开始之前做好引导工作，让体验活动能够有序进行，同时对大学生在体验活动中的言语进行观测。当大学生的言语出现偏颇时，教师要及时制止或进行纠正。在管理操作恣意化方面，教师要适当给予指导和引导，但是不能过于急切而强制大学生的活动行为。在角色体验恣意化方面，大学生在参与创新创业体验过程中，由于没有一定的经验，可能会出现角色定位不适合、不恰当、不准确的情况。这就需要教师根据大学生的能力水平和性格特征来给大学生选择一个适当的角色，并在大学生的角色体验过程中做好疏导工作，避免影响体验效果。

---

① 罗仲耿，潘克业.高职院校创新创业教育教学方法及考核方式探究[J].进展，2020（19）：88-89.

（2）大学生创新创业教育教学中的体验虚假化

体验虚假化是指教师在创新创业课堂中所设立的情境体验活动形式化、走过场，大学生没有在创新创业的情景模拟中有真正意义上的体验，导致大学生所获得的体验感受虚假化。体验虚假化也指教师在创新创业活动中，根据预先设定好的体验环节，牵引大学生进入预设的创新创业活动节点，将大学生固定在预设好的体验过程中，牵引大学生获得自己预先设定好的体验过程和体验感受，而不是让大学生通过自主的活动来进行体验和感受。大学生创新创业教育中的体验式教学就是将理论与实践融为一体，将课本知识与新型的教学方法有机地联系在一起，然后通过仿真的模拟实验让大学生对创新创业有更深刻的认知。为了避免出现体验虚假化这一情况，教师要深入地了解体验式教学的理论内涵。

3. 促进机制

传统的教学模式过于呆板，不论是课堂的教学内容，还是教师的教学方式和最终的教学效果，都有一个固定的标准和答案进行参照，对大学生学习的结果也是通过最后的考试分数来评价。相比而言，体验式教学法则更加注重大学生的学习过程，对大学生的评价也更加多元化，使大学生在同一评价的基础上有一定的弹性，为大学生个性化的发展提供了空间，这也更符合当今社会的多元化发展趋势。

体验式教学法的评价模式是多元化的，不仅需要了解大学生的基本学习情况，而且需要对教师的教学过程进行价值判断，同时为教学决策提供有效的反馈。

第一是在对教师的评价中要侧重教师授课内容和授课效果的转化，注重案例的选择、教学情境的设计，以及以大学生为主体的授课模式，同时将理论有机地转为实践的过程，对学生形成全方位培养。

第二是在对大学生的评价中，要侧重教学效果的过程评价，即大学生的心理历程、交流沟通、理解应用，密切关注在体验式教学过程中大学生的参与度与体验感，对大学生的思维能力和实际操作能力评价采用多元化的评价方式，如课堂观察、测试与练习、学生作品评价等。

第三是评价机制的主体应当是双面的，既包括教师对大学生的评价，又包括大学生对教师的评价，以此提升师生在体验式教学过程中的体验感，形成体验式教学在大学生创新创业教育中有效应用的长效机制。

（三）项目教学法在大学生创新创业教育中的实践应用

项目教学法是指通过教师的指导，让大学生根据各自的生活经验和兴趣来参与各个项目小组，对项目活动提出创意性想法和可行性决策，并根据项目目标来决定学习的内容和具体的学习方式，制订并实施关于自己的计划，最后对自己的表现进行评价。项目教学法的突出特点是以项目为载体，实现多元化知识与能力的整合与重构；以学生为主体，着重培养学生的自主学习能力；以小组学习为主要形式，实现探究与合作学习；以过程和产品为参量来衡量最终的教学目标是否完成。

在大学生创新创业教育中，项目教学法是以真实项目的模拟方式，让大学生在参与过程中增强创新创业意识，激发创新创业思维，丰富创新创业知识等综合能力。在大学生创新创业教育中采用项目教学法时，应当明确以下四个问题。

1. 明确目标

这里的目标是指高校和教师展开大学生创新创业教育的目标。对此，社会中普遍存在两种功利化的观点：其一是将大学生创新创业教育狭义地等同于“企业家速成教育”；其二是将大学生创新创业教育当作缓解就业压力的临时措施，认为其是一种权宜之计。目前大多数人都接受的一个观点则是，大学生创新创业教育能够促使大学生形成创造性思维，从而有效培养出大学生的创新创业意识和创新创业精神，提高大学生的创新创业技能，培养大学生的企业家行为。这里所探讨的大学生创新创业教育的基本定位就是分群施教，既要面向全体大学生开展创新创业启蒙教育，又要结合大学生本身的专业来进行创新创业嵌入教育，还要针对具有明确的创新创业意愿的大学生开展创新创业管理教育。

高校创新创业教育有两个基本的教学目的：首先是让全体大学生对创新创业教育产生基础的认知和了解，并获得基本的知识和技能，让广大的大学生具有初级的创新创业意识；其次是能够及时发现和挖掘对创新创业有着浓厚兴趣的大学生，对这类大学生进行个性化培养，引导大学生在未来顺利走上创新创业之路。要完成这两个基本目的，就需要在三个层次上利用项目教学法来提高大学生创新创业教育的针对性和实效性。

第一，在面向全体大学生开展启蒙教育阶段，大学生的创新创业意识是非常薄弱的，甚至没有相关的概念和想法，所以在采用项目教学法时可以采用一些难度较低、大学生兴趣高、具有普遍认知度的项目，从而引导大学生能够积极主动地参与创造性实验，并在这一过程中引导大学生形成创新创业意识，培养创新创业精神，锻炼独立自主学习和工作的能力。

第二，在与相关专业结合的“嵌入型”教育阶段要根据大学生不同的专业背景和专业特色，选择与大学生专业相关的项目来引导大学生良好地融入创新创业活动。

第三，在“专业型”创新创业管理教育阶段，则要注重对大学生创新创业的实战技能和实际创办企业能力的提升，所以在选择项目内容时，要选择知识融合度高的项目，如同时包含企业运营、企业组织、企业行为、市场营销、人力资源等方面的知识，还可以通过对现实中经典项目的改编来对大学生进行特殊能力的培养，使大学生通过新型的改编项目掌握创新创业和管理过程中相关的知识要点和技能，提高大学生对企业的驾驭能力和规避风险的能力，从而提高创新创业成功率。

2. 组织形式

项目教学法所采用的组织形式是团队合作，即教师与大学生共同参与一个项目，教师在项目中担当指导者和督促者，大学生则在教师的帮助和辅导下充分发挥其主观能动性来完成学习任务。当团队整体都在学习的时候，不仅团队整体会取得出色成绩，团队中的个别成员也会拥有出色的成长经历。因此，组织实践教学应采用团队学习的形式。芬兰于韦斯屈莱应用科技大学的团队创新创业学园就是典型的团队学习案例。学园中不设课堂，只设开放的办公区；没有专门的教师，只有适时给予指导的教练；不设置班级，沟通交流通过对话会议实现；没有教师讲授知识，需要靠自己进行大量学习；没有案例分析，只有真实的实践项目。

在大学生创新创业教育中选择项目教学法的组织形式时，要根据具体的情况来选用。一方面，在面向全体大学生时，要让他们对创新创业有最为基础的认知，并掌握基本的技能，所以可以采用普及式的教育，即根据不同大学生的专业背景来培养大学生的创新创业精神和创新创业意识。在我国的高校专业教育中，选修课是一种普及式教育，在这一形式中，团队中的成员来自不同专业、学科，团队是基于课程实践而临时组建的，随着课程结束团队也会解散。而有一部分大学生则对创新创业有着浓厚的兴趣并正在为创新创业做准备，愿意积极参与创新创业实践活动。对于这样的大学生应当采用聚焦式教育，即有针对性地培养创新创业人才和创新创业教育相关的师资或研究者。在这种模式下，在选择组织形式时则可以采用固定团队，其周期长、综合性强，能够使大学生在各种项目活动中形成创新创业素养和创新创业理论体系。

3. 项目选材

项目材料内容是项目教学法的核心和关键，直接决定了大学生创新创业教育的成效。在选材时，要以大学生创新创业教育的目标为前提，以教学内容为依据。材料要包含教学的理论知识内容，并具有一定的实际可操作性，以便激发大学生的主观能动性，让大学生在参与项目活动中能够发挥自身的知识，同时激发其创造力。具体来说，可以概括为以下几点。

第一，项目选材要具有一定的针对性，即根据大学生创新创业教育的具体目标、大学生的专业背景、大学生的兴趣点、大学生本身所具备的创新创业水平等来进行材料筛选。

第二，项目选材要具有切实的可行性，无论是在实践方面还是在资金方面，都要具有可操作性。

第三，项目的综合性要强，即涵盖的学科知识面要广泛，能补充大学生的知识欠缺，提高大学生对各种知识的整合能力。

第四，项目选择要有技巧，要根据大学生在创新创业教育中所掌握知识的不同程度来逐渐加大项目难度，在符合学生所接受知识的前提下不断提高大学生的学习能力和创新创业能力。

4. 教学效果考核与评价

在完成项目教学之后，就要开始对大学生的表现进行最终的考核和评价，这也是一个不容忽视的问题。具体可以采用团队成员自评、成员互评，教师评价的方式，也可以根据不同的项目内容和类型来设置网络投票。但无论是采用哪一种评价方式，都要设置监督的措施和环节。

评价由三个部分组成，即团队练习表现、文献学习和研读、实践环节。团队成员可根据团队整体的目标完成情况，结合自身在团队中的具体表现（是否掌握了创新创业相关知识和技能）来对自身作出评价。为了防止出现恶意评分的情况，在互评环节中，可以通过去掉最高分和最低分的方式来统计最终的评价结果；教师在进行评价时可以根据大学生平时的表现，以及在团队中的表现来进行评分。在网络投票环节中更要严格把控，对投票进行条件设置，比如只允许本校大学生投票。为了保证最终评分的合理性，可以选择部分创新创业领域的专家，采用层次分析法计算出每一项的权重，对以上评价结果进行加权求和作为最终的综合考核结果。

第二节　以导师团队为指导的大学生创新创业教育实践

在充满机遇与挑战的时代浪潮中，大学生创新创业教育已成为高等教育领域的重要使命与关键课题。传统的单一导师指导模式在应对复杂多变的创新创业实践需求时，逐渐显露出其局限性。导师团队的构建则为大学生创新创业教育开辟了新的路径，打开了新视野。导师团队汇聚了来自不同学科领域、行业背景各异以及实践经验层次分明的专业人士，他们犹如一座智慧的宝库，能够为大学生提供全方位、多层次、多元化的指导与支持。在这样的教育实践框架下，大学生不再局限于单一视角的引导，而是能够在丰富的知识碰撞、经验交融以及思维启迪中，更精准地识别创新创业机会，更高效地整合资源，更稳健地应对风险与挑战。本节将深入探讨以导师团队为指导的大学生创新创业教育实践，剖析其独特的价值及运行机制，旨在为高校进一步优化大学生创新创业教育体系，培育具有卓越创新创业精神和强大创新创业能力的新时代大学生提供具有深度和建设性的参考与借鉴。

一、创新创业导师团队概述

创新创业导师团队，是指在大学生创新创业教育中，能有效激发大学生的创新创业精神、提升大学生的创新创业技能、指导大学生体验创新创业过程并进行合理职业规划的全体导师的集合。创新创业导师是大学生创新创业教育的必备要素，能够指导大学生以社会需求为导向实现个性化发展，对于培养适应时代要求的人才至关重要。

“大众创业、万众创新”已成为国家经济发展的重要实施战略。在推动国家创新发展的进程中，大学生是重要的组织力量。随着我国社会经济发展方式的改革升级不断加快，“中国创造”需要更多的具备创新创业能力的高素质复合型人才。高校作为培养创新创业人才的主阵地，承担着为全社会培养创新创业人才的重任。尊重大学生的个性发展是高校在培养创新创业人才的过程中必须遵循的原则。在传统的人才培养模式下培养出来的大学生，不仅缺乏必要的创新思想和创新精神，还缺少创业激情和创业理念。要改变这一现象，就需要创新创业导师团队，这也是建设创新型国家、培育创新创业人才的必然选择。

（一）创新创业导师的角色定位

现阶段创新创业导师在大学生创新创业教育中的角色定位总结归纳为四个方面：一是大学生的陪伴者和服务者；二是大学生创新创业过程中的引导者和组织者；三是大学生创新创业梦想的激励者、优势的挖掘者以及创新创业过程中的提醒者或参谋者；四是创新创业知识的学习者和大学生的共同成长者。

1. 陪伴者、服务者

导师的工作内容本身就涵盖了陪伴者和服务者的角色定位，而这一角色在大学生创新创业教育的过程中显得更加重要。调查数据显示，高校毕业生创新创业的成功率极低，有些地区由于社会、经济、文化等各方面的影响，成功率甚至不足1%。这说明，大学生创新创业，特别是首次创新创业，面临失败和打击几乎是必然的。在大学生创新创业教育过程中，导师是大学生非常信赖的人之一，因此在可能面临失败的创新创业过程中，导师的陪伴将会成为大学生非常重要的安慰和支持。

同时，导师可以凭借自己的社会经验和人生阅历，以陪伴者的角度提供新的视角，在某种程度上帮助大学生正确分析自己的困难，厘清思路并寻求解决办法。导师在此时担当的就是服务者的角色。事实上，大部分的导师并不期待从学生的创新创业中获得经济上的回报，但是教师身份的荣誉感、责任感，会促使导师非常期待能够从大学生的成功中获得满足感。因此，导师将自己的角色定位于服务者，可以更好地促使自己为大学生提供可能的帮助或服务。

2. 引导者、组织者

大学生与普通创新创业人群的最大区别就在于其在校大学生的身份，因此导师对他们的引导作用就会非常显著。大学生的身心都处于青春期后期，他们的世界观、人生观、价值观还都处在逐步形成的过程中，导师可以对他们进行适当的引导，帮助他们更好地认识世界和自己，利用自身的优势投入创新创业实践活动。

在引导大学生参与创新创业实践的过程中，虽然学生中也会有领导者存在，但是在实际工作开展时，他们仍然需要教师对一些活动进行倡导和组织。例如，组织大学生参加某项创新创业比赛等。因此，导师的组织者角色也十分重要。

3. 梦想激励者、优势挖掘者、行动参谋者

对创新创业实践感兴趣的大学生，他们的内心都有自己的创新创业梦想，而面对实践过程中现实的困难与压力，有时候梦想会变得非常脆弱。导师在这个时候就需要担当起梦想激励者的角色。在激励大学生的过程中，导师需要采取多种措施。例如，可以从自身的角度出发，提供一些专业的意见；可以借助自己的人脉资源，邀请一些成功人士与大学生交流实践经验；还可以从更高、更长远的角度解读国家的政策环境，挖掘大学生创新创业的优势。

通过挖掘大学生的潜能和优势，导师可以更加理性地提出意见和建议，帮助大学生提高创新创业的成功率和创新创业质量。从这个角度来说，导师也是创新创业行动的参谋者。当然，在参谋的时候，导师需要注意避免为大学生做替代性的决定。

4. 学习者、共同成长者

大部分高校的创新创业导师并没有实际的创新创业经验，因此他们在陪伴大学生开展创新创业实践活动时，也是在经历一次学习的过程。从这个意义上

来说，导师变成了一个学习者。

同时，在这个过程中，导师会与大学生一起面对创新创业实践中的各种困难，甚至是风险。导师需要将自己与所指导的大学生看作一个团队，与大学生共同研究应对这些困难的方法和策略，与大学生一起成长，收获创新创业的体会和经验。

总之，陪伴和服务是创新创业导师最基本的职能。导师在大学生创新创业过程中的有效引导和组织是保障，如何有效激励大学生的创新创业梦想、挖掘大学生的各种优势和潜力，并在具体实践中扮演好参谋者或提醒者是关键，能与大学生共同学习并践行创新创业是导师发挥作用最理想的目标。

（二）创新创业导师团队建立的必要性

在当今全球性竞争加剧的时代，创新已成为推动社会进步和经济转型升级的关键引擎。大学生创新创业教育作为培养创新创业人才的重要途径，其重要性日益凸显。因此，建立一支高水平的创新创业导师团队，对于推动大学生创新创业教育的发展、激发大学生的创新创业思维和创新创业潜能具有不可替代的作用。

创新创业导师团队的核心价值在于其专业性和指导性。导师通常拥有丰富的创新创业经验和深厚的行业背景，能够精准地为大学生提供市场分析、创业策略规划以及风险防控等方面的指导。这种来自实践的经验分享和案例分析，能够让大学生更直观地理解创新创业的艰辛与挑战，从而在创新创业的道路上少走弯路，提高创新创业的成功率。

同时，创新创业导师团队还是连接大学生与创新创业资源的桥梁。他们不仅为大学生提供了接触和了解创新创业生态的机会，而且能通过自身的社会资源和人脉关系，为大学生争取更多的创新创业支持和合作机会。这种资源的整合与共享，极大地拓宽了大学生的创新创业视野，增强了他们的创新创业信心。

此外，创新创业导师团队的建设也有助于提升高校大学生创新创业教育水平。通过引进和培养具有丰富创新创业经验和创新创业思维的导师，高校能够不断优化大学生创新创业教育体系，丰富教学内容和方法，使大学生创新创业教育更加贴近市场需求和大学生实际。这种教育模式的创新，不仅提高了大学生的综合素质和创新创业能力，还为大学生创新创业教育注入了新的活力和动力。

更重要的是，创新创业导师团队在传承和弘扬创新精神方面发挥着关键作用。他们通过自己的言传身教，激发大学生对创新创业的热情和追求，培养他们敢于冒险、勇于创新的精神品质。这种精神的传承和发扬，对于推动社会进步和经济发展具有深远的意义。

综上所述，建立创新创业导师团队是推动大学生创新创业教育发展、激发大学生创新创业思维和创新创业潜能的重要举措。高校应高度重视导师团队的建设，通过引进和培养优秀导师、完善导师管理制度等方式，不断提升导师团队的整体素质和水平，为大学生的创新创业之路提供坚实的支持和保障。

（三）创新创业导师的工作核心

导师团队的工作需要围绕所指导大学生的实际需求来展开。目前高校大学生对创新创业教育主要有四点困惑：第一，对大学生创新创业教育认知度不够，很大一部分大学生没有选修过创新创业相关课程或接受过职业生涯规划或就业指导，缺乏创新创业知识和技能的系统性积累。第二，大学生获取的创新创业知识仍停留在感性认知阶段，选择创新创业实践训练的大学生比例不高。第三，传统的教师课堂讲授创新创业知识的方式也受到了挑战，大学生希望能有更多的创新创业者来分享创业体会和经验教训，而对于创新创业课程的内容，大学生也有更高的要求，希望高校可以提供更多的创新创业实践和创新创业模拟活动。第四，大学生创新创业起步阶段的资金问题也是一个制约性问题。因此，导师团队首先要围绕这些问题展开教育引导。

另外，许多高校仍然采用传统的培养模式，经常出现产学难以结合、科技成果向现实生产力转化效率低等现实问题。在高等教育中，高校往往重理论轻实践，缺少与企业家的互动，导致大学生创新创业教育缺少针对性和实效性。因此，高校应采用“以企业家为主、学者教授为辅”的创新创业导师团队模式，引导大学生先认真学习专业知识，打好基础，再学习针对性强的创新创业课程。例如，面向大学生开设专门介绍所学专业领域技术市场情况的课程，介绍市场现有的需求情况、发展趋势等；开展校企合作，促进产学研融合，增强大学生的实际动手能力；借助企业导师资源，为大学生提供实践和实习基地，提高大学生的动手实践能力；为大学生提供参加企业项目研发工作的机会，使大学生了解市场需求和市场动态，提前感受创新创业过程。企业则可以设立科技创新创业基金，对大学生完成的创新创业项目进行投资，为大学生创造真正的创新创业机会，加速科研成果向经济成果的转化。

（四）创新创业导师的分类

1. 根据指导方式分类

根据导师的指导方式，创新创业导师主要有以下四种类型：第一，观念引导类导师，主要是宣传最新的创新创业政策和正确的创新创业观念，引导大学生树立积极的、正确的就业观，坚定创新创业信心。第二，政策指导类导师，主要是为有意向创新创业的大学生提供创新创业指导和有关法律、法规等方面的援助，增强大学生的法律意识，使其规避创新创业风险，增强创新创业实效。第三，技能辅导类导师，主要是利用自身专业实践提供技术和创新创业知识咨询等。第四，典型带动类导师，主要是通过创新创业经验和企业实力为创新创业提供智力或物力支持，为创新创业大学生就业提供岗位。

2. 根据指导内容分类

根据导师指导内容的要求，创新创业导师主要有以下三种类型：第一，学业导师，在对大学生的个性化指导中，构建完善的导学计划，在专业学习上全面、系统地对大学生学业成长进行指导，引导大学生学业发展，做到目标明确、及时规划，调动大学生专业学习的积极性，引导大学生参与创新创业实践。第二，科研导师，引导大学生参与导师的科研工作，提高研究性学习和创新性实践能力，帮助大学生获得独立解决问题的知识与技巧，增强科研合作的意识。第三，创新创业导师，引导大学生参与创新创业实践，帮助大学生正确选择创新创业项目、培育创新创业项目，将创新创业成果成功推向市场。

二、依托导师团队建设开拓大学生创新创业教育的途径

（一）创新创业导师团队建设的目标

1. 专业化、体系化、科学化

高校在建设创新创业导师团队之初，即应遵循专业化、体系化以及科学化的原则，从顶层设计上给予重视，在政策制度上予以保障。比如，创新创业导师人员的选聘、考核以及激励措施的制定等方面应统筹兼顾、优化高效；同时充分调动各级各类导师的积极性，利用学分制、选课制等政策参与创新创业课程方案制订，创新创业教育主修、辅修、双学位等课程体系的搭建，对大学生进行创新创业课程选择的指导等。

2. 促进大学生个性发展与全面成长相结合

高校在推进大学生创新创业教育过程中，要求导师在教学中实现授人以“渔”，为大学生提供科学的学习方法，提升大学生的自主学习能力。导师指导的核心价值是让大学生在获得学业成绩的同时，养成良好的学习态度，并掌握有效学习、自主创新的方法，提高创新意识与技能，树立创新创业精神。导师在因材施教、启发诱导、学思结合、教学相长四个方面将发挥重要作用，促进大学生的全面成长成才。

（二）创新创业导师团队建设的路径

高校在大学生创新创业教育的顶层设计上，应确立导师团队的重要地位，从制度上明确导师团队的运行规则与基本要求，对导师资格、导师职责、导师工作考核等做出明确规定，形成创新创业导师团队建设总纲领。

第一，创新创业导师资格的确定。传统意义上，学业导师原则上应具有中级以上（含中级）职称，且教学质量高，熟悉本专业人才培养规律与目标；科研导师应具有与所担任指导项目研究方向相同的学科专业背景。创新创业教育导师的选聘，应区分校内和校外导师两种类型，设定不同的要求。比如，校内导师除满足上述两点要求外，还要具备创新创业的实践经验；校外导师应多为企业家或创业者，或管理咨询、法律、市场营销等领域的专家，以及在创新创业领域内有丰富工作经验与认证资格的专家。

第二，创新创业导师工作职责的明确。一方面，创新创业导师应通过师生见面会、网络、电话等多种途径，帮助大学生认识和了解本专业特征，制订和完善专业学习规划，设计职业生涯，进行学习个性化指导和学习主动性指导，同时鼓励大学生参加创新创业竞赛、科研项目研究等实践活动；另一方面，创新创业导师应在学生科研项目研究中，指导各类创新科研项目的前期论证与申报，开展项目研究日常指导，监督项目研究资助经费使用情况，提出项目研究结题意见等。除此之外，创新创业导师应在大学生参加创新创业竞赛时开展日常训练、赛前辅导与集训、赛中指导和赛后总结等工作；还应在大学生创新创业实训中，与大学生沟通交流，对大学生创新创业实践中常见问题进行单独指导，对大学生创新创业实践中的疑难问题进行“会诊”，并主动推荐相关资源，为大学生创新创业成果的转化搭建良好平台。

第三，创新创业导师人员的选聘。创新创业导师应兼顾学业、科研和创业指导三个方面，既是某一专业领域的专家，承担一定的教学任务，又要参与本单位的科研任务，同时具有指导创新创业竞赛、科研实训项目的经验。创新创业导师的选聘，可以采取教师自荐、学生选择与高校指定相结合的方式，每位创新创业导师指导的大学生人数应控制在5人以内，以利于进行有针对性的指导。

第四，创新创业导师工作的考核。对于创新创业导师工作应依据定性与定量相结合的原则，每年考核一次。在考核内容上应侧重于导师的指导态度与方式、大学生的学习效果、大学生创新创业竞赛参与情况、项目完成情况以及大学生创新创业团队的组织情况、运营情况及成果等。在考核过程中应充分考虑大学生的意见，切忌一蹴而就、短期效应，要充分考虑大学生创新创业教育的宗旨和目标。

第五，创新创业导师配套机制的构建。高校可发挥专业优势，尝试建立导师网络工作平台，让师生在网络平台上进行学业探讨与交流，增加交流时间；引导大学生积极参与教师科研工作；建立创新创业师生交流平台，举办企业家论坛，使大学生有机会与企业家面对面交流；邀请企业家对创新创业团队进行定期诊断性指导，提高团队或企业的生存发展率；完善创新创业导师培训机制，让创新创业导师了解创新创业方面的最新政策，同时为来自不同领域有着不同背景的导师提供一个互相交流的平台；增强整个导师团队工作的统一性、协调性、科学性，为整个团队更好地为大学生提供创新创业服务打下良好的基础。

（三）依托导师团队开展大学生创新创业教育的实践举措

1. 课程教学中的导师团队协作

（1）共同设计课程体系

导师团队可根据大学生创新创业教育的目标和大学生的需求，设计课程体系。学科专业导师负责融入专业知识模块，确保课程体系具有扎实的专业基础；企业实践导师则根据市场需求和行业发展趋势，提出实践教学内容建议，使课程体系更具实用性和前瞻性；创新创业竞赛导师将竞赛要求和项目展示技巧融入课程教学，培养大学生的竞赛能力和项目推广能力；法律咨询导师在课程中设置法律知识专题，增强和提高大学生的法律意识和风险防控能力。例如，在一门创新创业核心课程中，学科专业导师讲授创新创业方法和专业技术知识，企业实践导师分享行业案例和商业运作模式，创新创业竞赛导师指导大学生进行商业计划书撰写和项目路演练习，法律咨询导师讲解创新创业过程中的法律风险与应对策略。

（2）联合授课与案例教学

导师团队应采用联合授课的方式，为大学生带来丰富多样的教学内容。在课堂教学中，不同类型的导师可以分别从自己的专业角度对创新创业案例进行分析和讲解。例如，在分析一个互联网创新创业案例时，学科专业导师可以从技术创新的角度分析其产品的独特性，企业实践导师可以从市场竞争和商业模式的角度探讨其成功的原因，创新创业竞赛导师可以从项目展示和推广的角度评价其在竞赛中的优势，法律咨询导师可以从法律合规的角度指出其在运营过程中需要注意的法律问题。通过联合授课和案例教学，大学生能够全面、深入地理解创新创业案例，拓宽大学生的视野和思维方式。

2. 项目指导中的导师团队分工与合作

（1）项目选题与孵化指导

在大学生创新创业项目选题阶段，导师团队应共同参与指导。学科专业导师帮助大学生结合专业知识和兴趣爱好，挖掘具有创新性和可行性的项目选题；企业实践导师根据市场需求和行业动态，对项目选题的市场前景进行评估和分析，为大学生提供市场导向的建议；创新创业竞赛导师则考虑项目选题是否符合各类创新创业竞赛的主题和要求，以便大学生在后续的竞赛中能够获得更好的成绩。在项目孵化过程中，导师团队可以根据各自的专长为项目提供全方位的支持。学科专业导师指导大学生进行技术研发和产品优化，企业实践导师协助大学生进行市场推广和商业模式构建，创新创业竞赛导师帮助大学生提升项目展示和宣传的效果，法律咨询导师为项目保驾护航，确保项目的法律合规性。

（2）项目实施与监控

在项目实施过程中，导师团队要定期对项目进行监控和指导，与大学生项目团队保持密切的沟通和联系，及时了解项目的进展情况和遇到的问题。学科专业导师关注项目的技术研发进度和质量，为大学生解决技术难题；企业实践导师分析项目在市场推广和运营过程中的问题，提供营销策略和企业管理方面的建议；创新创业竞赛导师指导大学生根据竞赛要求和评委反馈，对项目进行调整和完善；法律咨询导师审查项目在合同签订、知识产权保护等方面的法律事务，防范法律风险。[①]通过导师团队的分工合作与实时监控，确保大学生的创新创业项目能够顺利推进，并朝着预期的目标发展。

3. 实践平台搭建中的导师团队引领

（1）校内实践平台建设

导师团队应在校内实践平台的建设中发挥重要的引领作用。学科专业导师参与创新创业实验室、众创空间等校内实践平台的规划和建设，根据专业教学和科研需求，配备相应的实验设备和技术资源，为大学生提供良好的实践环境。企业实践导师则将企业的实际项目和业务引入校内实践平台，让大学生能够在校园内接触真实的商业项目，了解实际市场需求。例如，企业实践导师可以与高校合作建立校内企业孵化基地，将企业的一些初创项目交给大学生团队进行孵化和运营，让大学生在导师的指导下，学习企业管理、市场运营等实际技能。创新创业竞赛导师组织大学生参加各类校内创新创业竞

① 孙勇强.导师制下大学生创新创业教育改革[J].河南广播电视大学学报，2023，36（3）：99-103.

赛，利用校内实践平台为竞赛提供场地、设备和技术支持，同时在竞赛过程中筛选优秀的创新创业项目，推荐参加更高级别的竞赛。法律咨询导师为校内实践平台制定相关的规章制度和法律风险防控机制，保障平台的合法合规运营。

（2）校外实践基地拓展

导师团队要积极拓展校外实践基地，为大学生提供更广阔的实践空间和资源。企业实践导师要利用自身的企业资源和人脉关系，与各类企业、创新创业园区、投资机构等确立合作关系，建立校外实践基地。大学生可以在这些校外实践基地进行实习、实训、项目合作等实践活动。在实践过程中，企业实践导师要为大学生安排实践岗位和指导师傅，让大学生深入企业内部，了解企业的运营管理模式和市场竞争环境。学科专业导师应与校外实践基地保持联系，根据大学生的实践情况，调整教学内容和课程设计，使教学与实践更加紧密结合。创新创业竞赛导师需关注校外实践基地的创新创业项目资源，组织大学生与基地内的企业和项目进行交流与合作，参加基地举办的各类创新创业活动和竞赛。法律咨询导师为大学生在创新创业实践过程遇到中的法律问题提供咨询和指导服务，保障大学生的合法权益。

4. 创新创业文化营造中的导师团队示范与激励

（1）创新创业讲座与经验分享

导师团队应定期举办创新创业讲座和经验分享会，为大学生营造浓厚的创新创业文化氛围。邀请企业实践导师和成功人士作为主讲嘉宾，分享自己的创新创业经历、成功经验和失败教训，激发大学生的创新创业热情和信心。学科专业导师则在讲座中结合专业知识，分析创新创业过程中的技术创新和应用，引导大学生从专业角度思考创新创业问题。创新创业竞赛导师介绍各类创新创业竞赛的情况和获奖项目的经验，鼓励大学生积极参加竞赛，展示自己的创新创业成果。法律咨询导师讲解创新创业过程中的法律风险和防范措施，增强大学生的法律意识和风险防控能力。这些创新创业讲座和经验分享会，能让大学生近距离接触到成功的创新创业者和专业的导师团队，学习到丰富的创新创业知识和经验。

（2）创新创业项目扶持与激励

导师团队应对优秀的大学生创新创业项目给予扶持和激励。企业实践导师要利用自身的资源优势，为项目提供资金支持、市场推广渠道和企业合作机会。例如，企业实践导师可以为有潜力的项目介绍投资机构，帮助项目获得融资；可以将项目推荐给合作企业，实现项目的产业化应用。学科专业导师在科研项目申报、实验室资源使用等方面给予项目团队优先支持，帮助项目提升技术水平和创新能力。创新创业竞赛导师指导项目团队参加各类高规格的创新创业竞赛，争取获得更好的成绩和更多的资源。法律咨询导师为项目提供免费的法律咨询服务，保障项目合规运营。同时，高校可以设立创新创业奖学金、荣誉称号等激励机制，对在创新创业方面表现突出的大学生和项目团队进行表彰和奖励，进一步激发大学生的创新创业积极性和主动性。

第三节　以学生社团为载体的大学生创新创业教育实践

在时代发展的浪潮中，创新与创业成为推动社会进步和经济增长的核心动力，大学生作为最具活力与潜力的群体，其创新创业教育备受瞩目。高校传统教育模式虽有其稳固根基，但在激发大学生的创新创业激情、提供实战演练平台等方面存在短板。学生社团点燃校园经济创新引擎，以其独特的自主性、灵活性和广泛的参与性，为大学生创新创业教育开辟了一片崭新天地。它汇聚了来自不同专业、不同背景的大学生，让多元思维在这里交融碰撞，让创意的火花不断迸发。通过组织各类创新创业竞赛、创意分享会、项目实践活动等，为大学生模拟真实的创新创业场景，提供丰富的实践机会，可以使他们在社团活动中积累经验、锻炼能力、拓展人脉，逐步成长为适应时代需求的创新创业人才。本节将深入探讨以学生社团为载体的大学生创新创业教育实践，挖掘其实施路径，为大学生创新创业教育体系的完善提供有益参考。

一、创新创业学生社团的内涵及意义

（一）创新创业学生社团的内涵

学生社团是以大学生共同愿望和个人兴趣为出发点，按照一定的规章制度自愿组成的定期开展兴趣活动的群众性学生组织。教育部学生司对其进行了类似的解释，认为学生社团是非营利性群众组织，其成立的前提是学生自愿，目的是实现社团成员的共同愿望。

近年来，随着高校体制改革与素质教育的不断深入，学生社团作为校园文化的重要载体，对大学生的影响力和吸引力越来越大，在大学生成长成才中的地位也日益凸显。随着社会对创新创业类人才需求的日益增长，高校涌现出了越来越多的以培养大学生创新创业素质为核心的学生社团，即创新创业学生社团。创新创业学生社团是指高校中以创新创业为纽带，按照一定的规章制度自愿组成的，围绕创新创业的主题开展系列活动的学生组织。创新创业学生社团能够充分发挥学生的主体精神，体现成员的自我意识，关注个体在某些方面产生的创新想法。其目标是通过社团的建设引导和鼓励社团成员进行自我开拓，实现大学生主动参与、主动实践、主动思考、主动探索、主动创造的自主教育过程，从而培养和激发大学生的创新创业意识。

（二）创新创业学生社团的意义

1. 有利于营造浓厚的创新创业氛围

作为校园文化传承与发展的重要载体，学生社团对大学生兴趣爱好的培养、求职领域的拓展、综合能力的提升、综合素质的提高等起到了重要的作用；尤其是创新创业学生社团，可以充分发挥自身的优势和特点，在社团内外广泛宣传与时俱进、开拓创新的创新创业精神，配合高校营造积极向上、创先争优的环境与氛围，以更好地提升大学生的创新创业热情；全方位宣传勇于冒险和敢于创新的价值观念，让创新创业文化根植于校园文化，激发大学生创新创业的热情和动机，增强大学生创新创业的意识，营造全校创新创业的良好氛围。

2. 有利于大学生创新创业教育理念创新

大学生创新创业教育的关键在于当代大学生对创新创业活动的认同和实践，但从当前我国高校进行的一系列大学生创新创业教育的现状来看，其并不具备这一点。创新创业学生社团一方面是广大大学生以共同的兴趣爱好组成的非营利性群体，能搭建分享与交流的有效平台；另一方面又是高校中对创新创业有一定的共识、热情和优势的大学生集合。因此，创新创业社团能以自身的示范带头作用引领大学生对创新创业教育的认同，还能集中优势、以点带面，持续扩大大学生创新创业教育的影响。①

3. 有利于提高大学生的综合素质和创新创业必备能力

创新创业学生社团针对在校大学生开展系统的大学生创新创业教育活动，一方面是为了增强大学生的创新创业意识，另一方面是为了提高大学生的综合素质以及培养大学生创新创业的必备技能。作为高校课堂教学的补充和延伸，创新创业学生社团因其在专业上的交叉融合性、在活动上的丰富实践性、在组织上的规范社会性，具备了教育和实践功能。创新创业学生社团以自主的方式自发地组织一系列创新创业实践活动，无论是对活动的参与者，还是对活动的组织者都起到了潜移默化的作用，有助于大学生形成高度的自觉性、强烈的事业心、紧迫的责任感和较强的管理能力。在综合能力方面，创新创业学生社团活动的开展有助于提升大学生的领导决策能力、公共关系能力、时间管理能力、挫折承受能力、社交礼仪和人际交往能力等。在创新创业技能方面，创新创业学生社团活动也能在一定程度上锻炼大学生的创新精神、团队合作能力、专业研究能力、技术展示能力等。

4. 有利于树立公益创业的理念

公益创业，又称“社会创业”，指的是采用创新的方式或方法解决当前社会的主要问题，采用传统的商业手段创造社会价值而非个人价值。公益创业并不是传统意义上的商业创业，而是一种高层次的创新创业活动，强调的并不仅仅是个人价值，更强调其社会价值。公益创业教育就是以公益创业的理念为指导，进行有关公益创业所需要的意识、精神、知识、能力以及公益创业实践

---

① 欧贞香.创新创业创造教育视角下大学生社团管理研究[J].科教导刊，2024（20）：147-149.

活动的教育。高校开展大学生创新创业教育，特别是公益创业教育能帮助大学生树立公益的价值观和奉献的社会利益观，指引在校大学生深入群众、深入社会、深入市场，关注社会现实问题，关心帮助社会弱势群体，增强自身的社会责任感和公益之心。创新创业学生团体的自发性、自主性、自觉性等特征是公益创业精神和氛围传播的良好群体，有利于在高校中树立公益创业的理念，进而大力推动公益创业在高校乃至整个社会的开展。

二、以学生社团为载体的大学生创新创业教育实践举措

（一）选聘优秀指导教师，引导学生社团健康持续发展

作为创新创业学生社团的指导者和引路人，指导教师具有引导创新创业学生社团良性发展的重要作用。指导教师在对创新创业学生社团进行指导的时候，不仅要有指导普通学生社团的能力，而且要具有一定的创新创业理论知识，能够进行理论与实践的同步指导。在创新创业学生社团的实际指导过程中，指导教师应广泛、充分地集中校园内外的各种教育资源，调动校园内的教学、科研人员和校外的企业、政府人士参与指导的积极性，增强创新创业学生社团内大学生创新创业的积极性。

（二）积极引导，努力实现“社会性企业运作”

“社会性企业运作”是一种以保持创新创业学生社团的公益性为前提，以创新方法支撑其可持续发展，尝试运用有效的企业模式和商业手段，以提高社会公共服务和大学生需求满足的效率与效益为关注点的运作模式。也就是说，用社会性企业的运营方式和方法来进行创新创业学生社团的管理和运作，其目的在于提高创新创业学生社团服务公益的效率。在此过程中，创新创业学生社团既可以组织开展公益活动，也可以进行创新创业实践模拟。创新创业学生社团通过这种“社会性企业运作”，不仅可以让大学生在此过程中积累创新创业的实践经验，而且可以进一步提升大学生创新创业教育开展的实效性和持续性。

（三）资源共享，保障创新创业活动的持续开展

1. 人才资源共享

创新创业学生社团可以建立人才资源库，对社团成员的个人信息、专业特长、兴趣爱好、创新创业经历等信息进行整理和分类，为社团内部的项目团队提供人才推荐和匹配服务。同时，创新创业学生社团还可以与其他学生社团、高校、企业等建立人才交流合作机制，拓宽人才资源渠道，实现人才资源的共享与互补。例如，学生社团可以推荐优秀成员到企业实习或就业，为企业输送人才，同时为大学生提供更多的发展机会。①

2. 资金资源共享

为了解决创新创业学生社团创新创业项目资金问题，创新创业学生社团可以积极寻求多种资金来源渠道，并搭建资金资源共享平台。创新创业社团可以向高校申请创新创业专项基金、科研项目经费等支持；可以组织成员参加各类创新创业大赛，争取奖金和投资；可以与企业、投资机构建立合作关系，吸引社会资本的投入；还可以通过众筹、义卖等方式筹集资金。创新创业学生社团可以对筹集到的资金进行合理管理和分配，为有潜力的创新创业项目提供资金支持，同时也可以设立风险投资基金，对一些高风险、高回报的项目进行投资，实现资金的增值和循环利用。

3. 信息资源共享

创新创业学生社团可以建立创新创业信息服务平台，收集、整理和发布有关创新创业的政策法规、市场动态、行业资讯、技术创新成果等信息，为社团成员提供及时、准确、全面的信息服务。还可以组织成员开展信息交流活动，如创新创业论坛、学术研讨会等，促进成员之间的信息共享与交流合作。此外，也可以与政府部门、企业、科研机构等建立信息沟通渠道，及时了解外部环境的变化和需求，为创新创业学生社团的创新创业活动提供决策依据。

---

① 要薇.基于专创融合的高校大学生创新创业社团生态构建研究——以保定学院为例[J].中国科技经济新闻数据库教育，2024（4）：109-112.

（四）营造氛围，举办创新创业课程实践活动

1.项目孵化活动

创新创业学生社团可以设立创新创业项目孵化中心，鼓励社团成员提出创新创业项目创意，并为其提供项目孵化服务。创新创业学生社团可以组织专家对项目进行评审和指导，帮助项目团队完善项目计划书、制订项目实施计划，并提供场地、设备、资金等方面的支持。在项目孵化过程中，创新创业学生社团还可以定期组织项目进展汇报会、经验交流会等活动，促进项目团队之间的交流与合作，及时解决项目实施过程中遇到的问题。

2. 企业实践活动

创新创业学生社团可与企业建立合作关系，组织社团成员到企业进行参观、实习、实训等。通过到企业实践，大学生能够深入了解企业的运营管理模式、市场竞争环境和行业发展趋势，学习企业的创新实践经验和管理方法。同时，企业也可以为大学生提供实际的项目任务或业务订单，让大学生在实践中锻炼自己的能力，积累实践经验。此外，创新创业学生社团还可以邀请企业高管、技术专家到高校开展讲座、培训等活动，为大学生传授企业实战经验和行业前沿知识。

3. 创新创业竞赛活动

创新创业学生社团可积极组织或参与各类创新创业竞赛活动，如中国国际大学生创新大赛、“挑战杯”中国大学生创业计划竞赛等。在竞赛过程中，创新创业社团可以组织成员组成参赛团队，进行项目策划、商业计划书撰写、项目展示与答辩等一系列活动。通过参与创新创业竞赛，大学生能够在竞争环境中锻炼自己的创新创业能力，增强项目的创新性和可行性，同时还有机会获得奖金、投资、政策扶持等资源支持，为项目进一步发展创造条件。

第四节　以科研项目为抓手的大学生创新创业教育实践

在知识经济蓬勃兴起与高等教育内涵式发展的交汇点上，大学生创新创业教育的优化与创新迫在眉睫。科研项目作为高校知识创新与技术攻坚的最前沿，蕴含着培育创新创业思维与创新创业能力的巨大机会。它不仅集结了前沿的学科知识与先进的研究方法，更通过项目的推进过程，模拟了真实的创新创业挑战与创新创业情境。以科研项目为有力抓手，大学生可以深入学术探索的内核，在实践中锤炼解决问题的能力，激发创意灵感，进而开启从科研创新到创业实践的转化通道，为大学生创新创业教育开辟出一条极具潜力与深度的实践路径，有力推动高素质创新创业人才的培养进程。

一、大学生科研项目的内涵及意义

（一）大学生科研项目的内涵

大学生科研项目是高等教育中一项富有挑战性与实践意义的活动，它深刻体现了教育与科研相结合的理念。它鼓励大学生在导师的指导下，深入探索某一学科领域的前沿问题或实际应用中的难题，通过自主设计实验、收集并分析数据、撰写研究报告等过程，不仅深化了理论知识的学习，而且培养了创新创业思维、科研能力和团队协作精神。

大学生科研项目强调原创性和创新性，鼓励大学生跳出课本知识的框架，勇于提出新观点、新方法，尝试解决实际问题。这一过程不仅考验大学生的专业知识掌握程度，更锻炼其逻辑思维、问题解决能力和批判性思维。同时，项目实践可以让大学生亲身体验科研工作的艰辛与乐趣，学会如何在失败中寻找突破，培养坚忍不拔的科研精神。

此外，大学生科研项目还是跨学科交流与合作的平台，促进了不同专业背景学生之间的思想碰撞，有助于拓宽视野，形成更全面的知识体系。通过参与项目，大学生还有机会接触到先进的科研设备和研究方法，为将来从事科研或相关职业奠定坚实基础。

总之，大学生科研项目是高等教育中不可或缺的一环，它不仅是大学生个人成长和能力提升的重要途径，也是推动学科发展、培养科研人才的关键举措。通过大学生科研项目，大学生得以在实践中学习，在创新中成长，能够成为具有科研素养和创新创业精神的高素质人才。

（二）大学生科研项目的意义

大学生科研能力的培养是人才培养过程中的重要环节。时代对大学生提出了更高的要求，培养大学生的科研能力，既是现代化社会发展的客观需要，也是当今社会对人才发展的需求。作为教学活动的进一步深入，大学生科研项目为大学生提供了了解课本和课堂外更多专业知识的机会，使学有余力的大学生可以组队或独立完成科研项目，获得增强专业素养和提高多方面能力的机会。通过开展科研项目，大学生可以对感兴趣的问题展开研究，有效增强对科研工作的兴趣，提升科研能力水平。所以，加强对大学生创新创业项目的管理，是非常有必要的。

二、以科研项目为抓手的大学生创新创业教育实践举措

（一）项目设置方面

1. 与企业合作开发项目

首先，积极与各类企业建立长期合作关系，深入了解企业的技术需求、市场痛点以及行业发展趋势，根据企业反馈，设立具有针对性和实际应用价值的科研项目，让大学生参与其中。例如，某企业在智能物流领域面临仓储管理效率低下的问题，高校可以与企业共同设计开发智能仓储优化系统的科研项目，使大学生在解决企业实际问题过程中培养创新创业能力。[①]

其次，建立企业科研项目库，定期更新并向大学生公布，鼓励大学生根据

① 李克伟，邹羽.项目引领下大学生创新创业教育的实施路径[J].时代人物，2024（26）：125-127.

自身兴趣和专业特长申请参与项目。同时，为保障项目顺利进行，高校应制定完善的校企合作项目管理规范，明确双方的权利义务、知识产权归属等问题。

2. 校内教师科研项目分解

首先，鼓励教师对自己承担的大型科研项目进行合理分解，形成若干适合大学生参与的子项目。例如，在国家自然科学基金项目“新型生物材料的合成与性能研究”中，教师可划分出“生物材料的合成工艺优化实验”“生物材料性能测试与数据分析”等子项目，让不同年级、不同专业背景的大学生组成团队进行参与，在教师的指导下开展科研工作，逐步积累创新创业经验。

其次，设立校内科研项目孵化基金，用于支持教师科研项目分解后的子项目开展，为项目提供必要的经费支持，包括实验材料采购费、设备使用费、调研差旅费等，确保项目能够顺利启动和推进。

3. 大学生自主申报创新创业项目

首先，学校每年定期开展大学生创新创业项目申报活动，鼓励大学生自主提出创新性的科研项目。大学生可以结合自己在课堂学习、课外阅读、生活观察等过程中发现的问题或灵感，提出具有一定创新性和可行性的项目方案。例如，大学生观察到校园内垃圾分类执行效果不佳，可以提出“基于智能识别技术的校园垃圾分类优化方案研究”项目。

其次，为大学生提供项目申报指导服务，组织专家团队对大学生申报的项目进行评审和鉴定，帮助大学生完善项目方案。对于获批的大学生自主创新创业项目，可以给予一定的资金支持和场地资源保障，同时安排导师进行全程指导，提高项目的成功率和质量。

（二）项目实施过程管理方面

1. 组建跨学科项目团队

首先，根据科研项目的需求和特点，打破专业界限，选拔具有不同学科背景的学生组成项目团队。例如，在一个关于智能医疗设备研发的项目中，生物医学工程专业的学生负责设备的生物相容性设计和医学功能实现，电子信息工程专业的学生负责设备的电路设计和信号处理，计算机科学与技术专业的学生负责软件开发和数据分析，工业设计专业的学生负责设备外观和人机交互设计等。通过跨学科合作，大学生的团队协作能力和综合创新思维都可以得到培养。

其次，建立团队成员选拔和考核机制，在项目团队组建初期，通过面试、技能测试等方式选拔具有较强专业能力和团队合作精神的大学生；在项目实施过程中，定期对团队成员进行考核评估，根据成员的贡献、表现等进行动态调整，确保团队始终保持高效运作。

2. 导师全程指导与培训

首先，为每个科研项目团队至少配备一名具有丰富科研经验和创新创业指导能力的导师。导师不仅要在专业知识和技术上给予大学生指导，还要在项目规划、团队管理、市场调研、成果转化等方面提供全方位的支持。例如，导师定期组织团队会议，与大学生共同讨论项目进展中的问题，指导大学生撰写科研报告、论文和项目计划书等。

其次，开展导师培训活动，提升导师的创新创业指导水平。高校可邀请行业专家、成功企业家等为导师进行培训，分享最新的创新创业理念、方法和案例，使导师能够更好地引导大学生将科研成果与市场需求相结合，提高项目的商业价值和社会影响力。

3. 建立项目进度监控与反馈机制

首先，要求项目团队定期提交项目进度报告，详细汇报项目的进展情况、取得的成果、遇到的问题及解决方案等。高校应建立专门的项目管理平台，对项目进度进行实时监控和管理，及时发现项目实施过程中的偏差并进行预警。例如，项目团队每月提交一份书面报告，并在项目管理平台上更新项目数据。

其次，组织项目中期检查和评审活动，邀请校内外专家对项目进行全面评估。根据专家意见，项目团队应及时调整项目计划和研究方法，确保项目能够按照预定目标顺利推进。对于进展缓慢或存在严重问题的项目，项目团队要给予一定的帮扶和指导，并在必要时进行项目调整或终止。

（三）项目成果转化与激励方面

1. 加强知识产权保护与管理

首先，在科研项目实施过程中，要注重培养大学生的知识产权意识，引导大学生及时采取对项目成果进行专利申请、软件著作权登记等知识产权保护的措施。高校可设立知识产权服务中心，为大学生提供知识产权咨询、申请代理等一站式服务。例如，在一个新的科技发明项目完成初步研发后，知识产权服务中心会协助大学生整理技术资料，撰写专利申请文件，并与专业的专利代理机构合作，确保专利申请顺利进行。

其次，建立知识产权激励机制，对成功申请专利、软件著作权等知识产权的项目团队和大学生给予一定的物质奖励和精神表彰。同时，在大学生的学业评价、评优评先等方面给予相应的加分或优先考虑，鼓励大学生积极开展知识产权创造活动。

2. 推动项目成果商业化转化

首先，搭建项目成果转化平台，与各类科技企业孵化器、创新创业投资机构、产业园区等建立合作关系，为大学生科研项目成果的商业化转化提供渠道和资源支持。例如，高校定期举办项目成果推介会，邀请企业代表、投资人和行业专家参加，向他们展示大学生的优秀科研项目成果，促进科研成果与市场需求精准对接。

其次，设立项目成果转化基金，对具有较高商业价值和市场潜力的项目成果给予资金支持，用于产品研发、市场推广、企业孵化等环节。同时，为大学生创新创业团队提供创新创业辅导、法律咨询、财务咨询等配套服务，帮助他们顺利开展创新创业活动，将科研成果转化为商业产品。

3. 建立多元化的激励评价体系

首先，对参与科研项目的大学生在学业成绩评价方面给予充分认可，将项目参与经历、项目成果等纳入课程学分体系或作为课程考核的重要组成部分。例如，设立科研项目实践课程，大学生可通过参与项目获得相应学分；在专业课程考核中，对于有项目实践成果支撑的大学生给予适当加分。

其次，开展项目成果评优活动，设立不同等级的奖项，对优秀的科研项目团队和大学生进行表彰和奖励。奖励的形式包括奖金、荣誉证书、科研设备优先使用权、参加高级别创新创业竞赛的机会等，激发大学生参与科研项目的积极性和创造性。同时，高校应将项目成果与大学生的升学、就业推荐等挂钩，为大学生的未来发展提供有力支持。

第五节 以科技竞赛为引导的大学生创新创业教育实践

科技竞赛在大学生创新创业教育实践中占据着不可或缺的地位。从教育生态学的视角审视，科技竞赛能够有效整合教育资源，构建起一个多元主体互动、知识技能交融的教育生态微环境，为大学生提供一个模拟真实创新创业场景的平台。在此平台上，大学生能够深度沉浸于学科交叉融合的创新创业实践之中，依据科技竞赛所设定的目标与任务，充分运用所学专业知识，进行创新性的方案设计与实践探索，进而在这个过程中不断提升创新创业思维能力、问题解决能力以及团队协作能力，为在未来投身于创新创业事业奠定坚实的学术与实践基础，有力地促进高等教育与社会创新需求之间的有机衔接与协同发展。

一、科技竞赛的内涵及意义

（一）科技竞赛的内涵

科技竞赛是面向大学生的群众性科技活动，是在紧密结合课堂教学又高于课堂教学水平的基础上，以竞赛的方式考查大学生对某学科基本理论知识的掌握程度和解决实际问题的能力。科技竞赛是在国家重大教改项目“质量工程”全面实施的背景下推进的竞赛活动，是发现人才、选拔人才、促进大学生成才的有效手段和途径，具有提升大学生的动手实践能力、创新创业能力、创新创业技能、团队协作精神的重要作用。

科技竞赛是在不同主体之间进行技术水平高低比较的重要手段，其目的虽然是技能高低的比较，但是科技竞赛体现的并非只有这一目的。在竞赛的过程中，除了基本的技能水平外，参赛选手还必须学会发现问题、设计问题以及解决问题，具备缜密的思维能力。此外，科技竞赛不同于一般的课程学习竞赛，其评价方式与竞赛命题必须与实际操作、程序控制和方案实施有着密切关系。要求大学生必须具备较强的科研实践能力。综上所述，科技竞赛是锻造思维能力和实践能力的综合平台。

（二）科技竞赛的意义

1. 为践行理论知识提供实践平台

开展科技竞赛，可以提高大学生的创新创业能力和实践操作能力。在高校开展数学、电子、自动化、计算机等各类学科竞赛，能够激发大学生的学习热情。在教师的指导下选题、分析、设计、制作、完成作品设计或完成论文撰写，这一系列过程的实质就是学生不断探索、不断创新的过程。经过科技竞赛，大学生的独立思考能力、创新创业思维能力、逻辑判断能力等都会得到提升。

2. 激发大学生的专业学习兴趣

科技竞赛需要以一定的专业知识为基础，同时科技竞赛构建的体验性、专业性、竞技性的平台将会让大学生深入其中，充分调动大学生自主学习的能力，让大学生去发现问题、解决问题。科技竞赛培养了大学生自主学习的能力，也完善了大学生的知识结构，激发了大学生的学习热情和学习兴趣。

3. 培养大学生的团队合作精神

科技竞赛均以团队或小组的形式组队参赛，一般是3～5人组成队伍，共同参赛。在科技竞赛的过程中，队员之间的团结协作是决定比赛成绩的关键。通过竞赛的较量，可以培养大学生的竞争意识、为团队争光的集体荣誉感。另外，在科研竞赛中，通过教育引导以及与其他大学生之间不断切磋磨合，大学生面对挫折的心态及与他人分工合作的协调能力也得到了锻炼。

4. 磨炼学生的心理素质

在科技竞赛中，大学生需要完成查阅资料、分析题目、制订方案、论证选择最佳方案、制作调试作品、撰写论文等一系列任务。这些任务往往会持续数月甚至数十月，在这个过程中，大学生需要经受挫折的打击和探索的迷茫，需要凭借科学探索的毅力、直面困难的勇气、勤奋求索的恒心完成科技竞赛。因此，科技竞赛可以锻炼大学生的毅力和耐力。

二、以科技竞赛为引导的大学生创新创业教育实践举措

（一）竞赛组织与参与层面

1. 构建多层次竞赛体系

（1）校内竞赛

高校可定期举办校级科技竞赛，如创意设计大赛、科研项目挑战赛等，并面向全体大学生开放。这些竞赛主题广泛，涵盖不同学科领域，旨在鼓励大学生挖掘身边的机会，初步锻炼创新创业思维和实践能力。例如，举办“校园生活创新创意大赛”，让大学生针对校园学习、生活设施、社交互动等方面提出创新性的改进方案或产品设计。[①]

（2）校际竞赛

高校可积极组织大学生参与地区性、全国性乃至国际性的科技竞赛，通过选拔优秀团队、提供集中培训和资源支持等方式，助力大学生在更高水平的舞台上展示创新创业成果，与其他高校的大学生交流切磋，拓宽视野，了解行业前沿动态和竞争态势。

（3）行业专项竞赛

高校可与行业协会、企业合作举办行业专项竞赛，如微软“创新杯”全球学生科技大赛、华为ICT大赛等。这类竞赛聚焦于特定行业技术或业务领域，使大学生能够深入了解行业需求和技术发展趋势，提前建立与行业的联系，增强创新创业的竞争力。高校可与合作方共同制定竞赛规则、提供技术培训和指导，引导大学生将专业知识与行业实际相结合，开发具有应用价值的创新创业项目。

2. 竞赛培训与指导机制

（1）赛前培训

高校可针对不同类型的科技竞赛，组织系统的赛前培训课程和工作坊。培训内容包括竞赛规则解读、创新思维方法、项目策划与撰写、技术技能提升、

① 郭星锋，龚芳，田斌.基于学科竞赛的高校创新创业人才培养模式研究[J].产业创新研究，2024（11）：187-189.

商业计划书编制、路演技巧等方面。例如，邀请创新创业导师开展商业计划书撰写培训，详细讲解市场分析、商业模式设计、财务预测等关键要素的撰写要点和方法，并通过案例分析和实际操作练习，帮助大学生掌握撰写高质量商业计划书的技能。

（2）导师团队组建

高校可组建多元化的导师团队，包括专业教师、企业高管、成功人士等。导师可根据自身的专业特长和实践经验，为参赛大学生提供个别或团队指导。例如，专业教师在学术理论和技术研发方面给予支持，帮助大学生完善项目技术方案；企业高管和成功人士则从市场需求、商业模式、企业运营等角度为大学生提供指导，助力提升项目的商业可行性和市场竞争力。

（3）竞赛模拟与反馈

高校可在竞赛前组织模拟竞赛活动，模拟真实竞赛场景，包括项目路演、评委提问与答辩等环节。在模拟竞赛后，可邀请评委和专家对大学生的表现进行详细点评和反馈，指出存在的问题和不足之处，并提出改进建议。大学生可根据反馈意见进行针对性的调整和优化，不断提升竞赛水平。例如，在模拟“挑战杯”中国大学生创业计划竞赛中，评委针对大学生路演过程中的表达不清晰、项目亮点不够突出等问题提出改进意见，大学生则通过反复练习和优化内容，力争在正式竞赛中取得更好的成绩。

（二）竞赛与课程融合层面

1. 竞赛内容融入课程教学

（1）案例教学

高校可在专业课程教学中引入科技竞赛获奖案例，将竞赛项目的创新创业思路、技术应用、解决方案等作为教学案例进行分析讲解。例如，在计算机编程课程中，引入“ACM国际大学生程序设计竞赛”的获奖案例，分析优秀算法设计和编程技巧，引导大学生学习如何运用所学知识解决复杂的实际问题，激发大学生的创新意识和学习兴趣。

（2）课程项目与竞赛对接

在设计课程项目时，高校可参考科技竞赛的主题和要求，使课程项目具有竞赛导向性。大学生在完成课程项目的过程中，实际上也是在为参与相关竞赛做准备。例如，在机械设计课程中，可设置“小型机器人设计与制作”课程项目，要求大学生设计并制作一款具有特定功能的小型机器人。其设计理念和制作要求与“全国大学生机器人大赛”相契合，因此大学生可以将在课程项目中积累的经验和成果直接应用于科技竞赛参赛项目中。

（3）实践教学环节强化

高校可在实践教学环节加大与科技竞赛的结合力度，在实验课程、课程设计、实习实训等实践教学环节中，引入竞赛元素和任务。例如，在电子电路实验课程中，设置竞赛式实验考核方式，要求大学生在规定时间内完成具有一定创新性和挑战性的电路设计与调试任务，根据任务完成的质量和创新性给予成绩评定，促使大学生在实践教学中主动探索创新，提高大学生的实际动手能力和创新创业思维能力。

2. 竞赛成果转化为教学资源

（1）优秀项目进课堂

高校可将科技竞赛中的优秀获奖项目整理成教学案例集、项目演示视频等教学资源，供广大大学生学习参考。这些优秀项目展示了大学生在创新实践中的成果和经验，能够为其他大学生提供启发和借鉴。例如，将历年“挑战杯”中国大学生创业计划竞赛的优秀获奖项目制作成案例集，发放给相关专业的大学生，并安排获奖的大学生进行经验分享和项目演示，让更多大学生了解创新创业项目的实施过程和方法。

（2）竞赛经验总结与课程开发

高校可组织教师对组织和指导科技竞赛过程中的经验教训进行总结，将其转化为教学内容和课程体系的一部分。例如，开发“大学生创新创业竞赛指导”课程，系统传授竞赛相关知识、技能和方法，包括竞赛选题、团队组建、项目管理、成果展示等方面的内容，使大学生在课程学习中全面了解科技竞赛，掌握参赛技巧，提高参赛成绩。

（三）竞赛资源整合与拓展层面

1. 校企合作资源整合

（1）企业资源引入

高校可与企业建立深度合作关系，通过企业赞助、技术支持、实习就业机会提供等方式，为科技竞赛提供丰富的资源支持。企业可以为科技竞赛提供资金、设备、技术难题等资源，同时也可以参与竞赛评委工作，从企业实际需求和市场角度对参赛项目进行评价和指导。

（2）产学研合作平台搭建

高校可以科技竞赛为契机，搭建产学研合作平台，促进学校、企业和科研机构之间的交流与合作。在参赛过程中，高校应推动参赛项目与企业需求对接，加速科研成果转化。例如，高校在组织中国国际大学生创新大赛过程中，举办产学研对接会，邀请企业和科研机构代表与参赛大学生团队进行面对面交流，探讨项目合作和成果转化事宜，为大学生创新创业项目提供技术支持、市场渠道和资金投入等方面的保障，提高项目落地实施的可能性。

（3）校友网络资源利用

高校可制订校友导师计划，邀请具有创新创业经验的校友担任科技竞赛的导师。校友导师可以分享自己的创新创业经历、行业经验和人脉资源，为参赛大学生提供实际指导和帮助。

（4）校友基金设立

高校可设立校友创新创业基金，专门用于支持大学生科技竞赛和创新创业项目。校友基金可以为竞赛提供奖金、项目孵化资金等支持，鼓励大学生积极参与创新创业活动。

2. 竞赛交流与合作拓展

（1）国际竞赛交流

高校应积极推动大学生参与国际科技竞赛，加强与国际高校和组织的交流与合作。通过参加国际竞赛，大学生能够了解不同国家和地区的创新创业文化和教育模式，拓宽国际视野，提升跨文化交流与合作能力。高校还可以与国外高校建立姊妹学校关系，开展联合竞赛项目或“学生交换”活动，促进大学生创新创业教育资源的国际共享。

（2）竞赛联盟与社区建设

高校可参与或发起科技竞赛联盟、大学生创新创业教育社区等组织，加强与其他高校、企业、社会组织之间的交流与合作。通过竞赛联盟和社区平台，共享竞赛信息、资源和经验，共同推动大学生创新创业教育的发展。

第七章　大学生创新创业教育的多维发展路径

大学生是社会未来发展的主力军，其创新创业素养的培育需要多维度的考量与构建，每一个维度都与其他维度相互关联、相互影响。探索大学生创新创业教育的多维发展路径，不仅有助于培育时代需求的创新创业人才，而且有助于推动高等教育革新与社会进步，开启大学生在创新创业道路上通往成功的大门。

第一节　基于校企联合培养模式的创新创业教育路径

在当今竞争激烈且由创新驱动的经济格局下，高校教育与企业需求的对接越发关键。传统的大学生创新创业教育往往局限于校园内部，难以让大学生真切触摸到市场的脉搏与行业的前沿动态。于是，校企联合培养模式应运而生，成为打破这一现状的有力举措。它通过整合高校的学术资源与企业的实践平台、市场经验，为大学生创新创业教育开辟了崭新路径。这一模式不仅能让大学生在理论与实践的交互中磨砺技能、孕育创意，而且能让大学生提前融入商业环境，催生出更多具有市场竞争力与社会价值的创新创业成果，重塑大学生创新创业教育的生态。

一、完善政策支持体系，促进校企联合培养的深度与广度

完善政策支持体系是促进校企深度融合、助力大学生创新创业教育顺利改革的基础与关键。第一，强化相关部门间的协同。教育、财税、人社、共青团、工信、工商等部门可以组成校企合作与创新创业联合领导小组，这种临时性的领导小组每3个月或6个月召开一次会议即可，主要是商定创新创业政策和调整有关校企联合培养的指导意见。其议事包括政策红利、支持力度、惩戒举措等方面，如通过设立创新创业奖励基金、对合作企业实行税收减免政策、对重点产业和重大项目实施大力优惠政策等举措激发其支持创新创业的热情；对流于形式的“挂牌”合作、套现合作、虚假宣传等不作为或乱作为的行为加大惩戒力度，抑制不良校企联合培养行为出现；在政策上统筹协同推进院校与企业更真、更实、更深、更广地开展合作。第二，强化政、校、企三方的协同。由政府有关部门、院校、企业三方高层代表组成校企联合培养与创新创业联合执行小组，这种松散型的协作组织每6个月或一年召开一次会议即可，主要是商讨信息和资源共享等问题。其施策举措主要有三个方面：首先，可通过有关部门主办、高校或企业承办的方式，组织开展一些高层次的校企交流会议，让院校教师、企业高管、专家学者等人员共同参与对话，更好地了解各自的需求和资源，达成合作共识。其次，通过建立网上虚拟交流平台，助力高校与企业之间进行实时沟通和信息交流。最后，有关部门通过设立创新创业人才引进计划、人才培训计划等举措，为高校和企业提供更多的创新创业人才交流与培训机会，多角度促进校企深度融合。

二、基于创新创业胜任力模型，“靶向”设计理实一体化课程体系

“靶向”设计与产业、社会经济发展高度吻合的理实一体化创新创业课程体系，并依托校企联合培养的资源优势，将产业真题嵌入大学生创新创业教育全过程是培养大学生创新创业素质的有效抓手。高校应从理论课程和实践课程的分类开设出发，构建“专业基础—实践起步—素养进阶—创业孵化”的理实一体化课程体系。第一，结合产业特点开发前沿理论课程体系。高校应将最新的产业发展理论和知识纳入创新创业课程体系中，通过现代信息技术建立创

新创业项目数据库，并与行业龙头共同开发新形态活页式教材、建设教学资源库，形成“平台共建、资源共享、人才共育”的创新创业理论课程新格局，使大学生能够及时了解和掌握产业的最新趋势、先进技术和最优管理方法。第二，构建产教融合的实践课程体系。为提高大学生的创新创业实践能力，高校应通过“教授下车间、高工进课堂”的方式解决创新创业课程教学内容与实践不平衡的问题，准确把握产业发展对创新创业人才的素质要求；搭建创新创业平台，开设一系列实践课程，以此提升大学生的实践能力；在理实一体化课程设计的基础上，采取分层进阶方式开展创新创业课程教学。第一阶段以基础教学为主，重在传授专业基础知识和创新创业基础知识，启蒙大学生的创新创业意识，引导大学生理性规划大学生活，树立正确的职业观。第二阶段以实践教学为主，通过企业参访、课程实训、创新创业大赛等实训实操类课程，培养大学生的创新创业实践能力和兴趣。第三阶段以创新创业素养提升为主。待大学生系统接受专业知识和技能实操训练后，可让其在具体的创新创业项目、产业“真题”中担任主角，从选题到组团、从方案撰写到展示、从接受点评到修改，全过程、全方位地提升大学生的创新创业机会识别能力、项目开发能力、组织协调能力等。第四阶段为创新创业孵化教学。对于脱颖而出的潜力项目，高校应重点辅导，并给予场地、经费支持，或者组织成果转化交易，助力创新创业孵化，使大学生在创新创业项目中能领会管理知识、商业知识、政策与法律知识在实践中的运用，并激发其自我认知、学习分析和人脉构建的潜质。

三、规范校企联合培养的方式，提升校企联合培养的质量

为了保障大学生创新创业教育中校企合作的有效性和规范性，高校需要完善相关的制度和规范。具体来说，首先要制定合理有效的管理制度，明确校企双方在联合培养中的角色和职责，推动教育内容、合作方式、时间和空间等内容的规范化管理。同时，对合作过程进行有效监督，减少校企双方在合作中的矛盾冲突，充分发挥各自在大学生创新创业教育中的作用。其次要规范校企联合培养的流程和标准。高校应在明确大学生创新创业教育不同环节的具体内容和要求的基础上，有针对性地制定详细的合作流程和标准，并以企业需求和大学生发展为导向，不断修改和细化，保证校企联合培养高质量、高效率地开展。最后完善校企双方的沟通互动机制，保证校企双方的信息交换及时、准确

无误。上述几点可以通过以下手段来实现：一是建立定期沟通机制。由于企业的发展具有动态变化的特点，为了维护校企联合培养的稳定性，需要通过定期沟通，使高校及时获知企业利益诉求的变化，同时便于企业了解高校的人才培养现状和合作诉求。二是搭建互动常设机构。高校可以在招生就业处、大学生创新创业活动中心等大学生创新创业教育的相关部门，设立与企业联系的专门机构，并派专业人员负责管理，以便及时整理校企双方在大学生创新创业教育中获得的信息资料，提升校企信息交流的时效性。

四、以产业与区域经济发展为导向，多角度持续深化大学生创新创业教育改革

由于区位差异导致各地产业、文化、自然资源禀赋不同，经济发展水平也有高低，因此大学生创新创业教育应从地方实际出发，结合自身办学优势，多角度持续深化大学生创新创业教育改革。第一，持续深化“专创融合”。高校应秉承服务区域经济发展的宗旨，以自身的办学实际和地方产业布局为“牵引力”，积极对接区域内重点支柱产业以及新兴产业群、产业链，据此进行专业设计和大学生创新创业教育改革；通过整合内、外部资源，不断强化关键产业和区域经济领域的顶层设计，凸显示范引领效应和聚集效应，深入推进大学生创新创业教育、专业教育、思政教育、劳动教育“四教”紧密结合，促进大学生创新创业教育与专业教育深度融合。第二，持续优化师资团队。①创新创业师资水平是培养大学生创新创业能力的关键因素。高校应多维度、多举措持续优化创新创业师资团队，突出创新创业师资团队的“引导力”。首先，在学科上构建以新兴产业专业为主、其他专业为辅的多学科师资协同团队。其次，在年龄结构上形成以中年教师为主、青年教师与老年教师为辅的“中坚力量＋活跃思维＋经验数据”的“老中青”协同团队。最后，在师资来源上构建以高校为主、政企和校友为辅的多元师资团队，聘请成功人士、知名校友、企业家、风险投资者等优秀人士担任产业导师。第三，持续深化顶层设计。高校应成立以校级主要领导和企业高管为组长，各部门、二级学院领

① 吴朝辉.校企合作人才培养模式下的高校就业创业教育现状与对策[J].中国就业，2024（5）：99-101.

导为成员的大学生创新创业教育指导委员会，统筹协调推进大学生创新创业教育。

五、完善大学生创新创业教育评价体系，全面激发大学生创新创业激情

大学生创新创业教育是一项复杂的系统工程，“如何评、评什么/如何用”，不仅关乎高校持续深化大学生创新创业教育改革的动力与成效，而且关乎大学生创新创业教育改革的正确方向。地区差异会形成各地特有的社会环境与教育环境，这意味着大学生创新创业教育评价也需结合各地特有的实际情况，因地、因时、因企、因产做到精细化与精准化。建立一套高度契合地方实际和新时代要求的综合评价体系主要从三个方面统筹推进：第一，基于创新创业环境的评价体系。通过对有关部门、行业企业以及其他社会力量等行为主体在大学生创新创业教育中落实国家深化大学生创新创业教育的理念、目标和意志的实际表现进行考量，可设经费投入、基础设施、场地支持、仪器仪表等硬性指标，以及人才质量、改革成效、服务质效等软性指标。第二，基于项目导向与市场契合度的评价体系。按照创新创业项目在产业和区域经济发展中的重要性、市场中的竞争性，构建校、企、政、风投等多方参与的立体评价体系，全面、科学地考量项目与市场需求的匹配度，最大限度地激发大学生的创新创业思维和创新创业能力。第三，基于师生创新创业激情的评价体系。师生是大学生创新创业教育中的行动主体，建立“指标量化、目标可及、奖惩有度”的长效激励评价机制非常重要。高校可从课时、课酬、荣誉、外出学习机会等方面激励教师，从学分置换、项目奖励、校际交流、升学保送等方面激励大学生。

第二节　专业教育与大学生创新创业教育的融合路径

大学生创新创业教育不应孤立存在，它与专业教育有着千丝万缕的内在联系。专业教育为大学生创新创业教育提供了深厚的知识根基与技术支撑，而大

学生创新创业教育则赋予了专业教育灵动的实践活力与创新精神。探索两者的融合路径，不仅能丰富高等教育的内涵，而且能为社会培育出兼具专业素养与创新能力的复合型人才，开启高等教育改革与发展的新征程。

一、专业教育与大学生创新创业教育融合的关键点

（一）注重适应社会经济的发展趋势

将社会经济发展特别是区域社会经济发展的基础、特点、动态、方向乃至法律政策等制度性环境纳入大学生创新创业教育体系，使大学生创新创业教育的内容反映社会需求，适应社会需求，搭建起课堂与企业、教学与经济的互动平台，使大学生的生存能力、发展能力在潜移默化中增长。

（二）注重学生健康人格的培养

以专业教育为根基的大学生创新创业教育应该是一个帮助大学生成长、开发大学生主体精神的价值引导过程，而“成长”“开发”的核心是健康人格的培养。大学生创新创业教育所培养的创新创业人才绝不仅是追求利益的“经济人”，更应该是具有责任感的“社会人”。因此，培养社会责任感、公德意识、对社会公正和社会正义的认同以及善于协作的能力应成为大学生创新创业教育的落脚点。以专业教育为根基的大学生创新创业教育，其“创”不是不讲规则或轻视规则，而是应当突出对法律、道德、规律规则的崇尚和遵守，让大学生形成规则意识。没有基本的规则意识，大学生就无法成为合格的社会公民，更谈不上为经济发展方式的转变作贡献。

（三）注重突破传统学科本位的思维定式

我国高校沿袭了几十年的专业教育模式，其最大的弊端就是过于注重学科体系，知识结构单一，重知识而轻心智。近年来，随着高等教育大众化进程的推进，各高校顺时而变，形成了研究型和应用型的不同办学定位。以应用型人才为培养目标的高校，不仅其专业设置紧跟市场的需要，而且其课程的选择和课程内容的设计都围绕着职业的需求，其学科“壁垒”更狭，“灌输”更甚。在这类高校中，教学成了某科知识的叠加和技能操练，目的是让大学生在四年

的时间里掌握尽可能多的专业知识和技能，而忽略了一般性知识的教育，即通识教育。虽然这类高校也有承载“通识”的公共基础课，但多是走马观花。高校存在的终极理由和根本使命是培养人，培养健全的人，因此以专业教育为根基的大学生创新创业教育必须回归“育人”的根本使命，在为大学生奠定专业、学科基础的同时，帮助大学生建构知识的有机关联，通过广博的学识使他们学会思考、推理、比较和辨析，进而转识成智，提升洞察、选择、整合和集成创新能力，即生存能力和发展能力。

（四）注重学习能力的培养和思维方式的训练

当今科技进步日新月异，经济社会结构日趋复杂，即使是专门人才，也是建立在综合基础上的专门人才。要为社会作贡献，就需要善于学习，以不断吸取知识，增长才干。因此，以专业教育为根基的大学生创新创业教育不应该只是知识的灌输，而应该是立足于“授人以渔”，即强调“吾将上下而求索”的精神，注重思考力的训练、学习能力的培养、学习方法的传授。

二、专业教育与大学生创新创业教育有效融合路径选择

（一）理论知识融合：构建“专业＋创业”教育课程体系

高校应设立合理的课程内容，为各专业的大学生提供系统的创新创业理论、知识、技能和方法。课程是教学的核心环节，更是实施大学生创新创业教育的主要途径。

1.课程体系要实现在所有理论课程中都融入创新创业理念

对于通识必修课，要在专业导论和新生研讨课程中加强对创新创业思维、创新创业意识、工程意识、科学方法等方面的训练；在形势与政策教育、思想品德修养、成才导论、就业导论与职业规划等教学中，要增加创新创业知识模块，注重对意识和精神方面的养成教育；在专业基础课与核心主干课程中，强化对大学生创新创业能力培养的要求，突出对大学生创新创业研究的帮助。[①]

① 崔晓辉，喻海良.高校创新创业教育与专业教育融合发展路径[J].教育教学论坛，2024（5）：17-20.

2. 课程体系要专门构建与增加创新创业理论课程

在通识选修课方面，要积极组织并开设创新创业基本理论和基本方法类课程，鼓励大学生跨学科、跨专业学习，进一步丰富知识结构，提高大学生的创新创业基本素质；在专题选修课方面，要针对各类竞赛，如数学建模系列竞赛、电子创新设计竞赛等，以及科技成果转化设计、创新创业能力培训专题等，开设由多个学分组成的选修课程组，鼓励大学生在某些领域形成创新创业的优势。

3. 专门设计创新创业辅修课程作为课程体系中的延伸课程

高校可面向全体大学生增设创新创业辅修专业，积极鼓励学有余力的大学生辅修第二专业和学位，真正将创新创业视为一项“专业”，通过辅修向大学生传授和展示不同的创新创业观点、技能、方法和经验，为大学生未来的创新创业奠定基础。

大学生创新创业教育与专业教育相融合是我国高校人才培养模式的发展趋势与方向。高校要从大学生创新创业教育的内涵出发，在大学生创新创业教育中融入新的人才培养理念，并将其落实到专业教学的全过程，不断完善高校人才培养方案。毫无疑问，在这一过程中，课程体系的构建始终是出发点和落脚点。

（二）实践操作融合：创建“仿真＋全真”创业实践平台

大学生创新创业教育是综合性、开放性、实践性较强的教育，若要将其有效地嵌入目前高校的专业教育之中，必须构建一个实践操作平台。另外，大学生创新创业教育与专业教育的总体目标是一致的，都是培养适应社会需要的人才。因此，在人才的培养过程中，最为重要的就是让大学生与社会接轨，培养大学生的实践动手能力。

1. 校园“仿真＋工作室”创新创业平台

“模拟公司创业实训平台”可以提供创办公司与经营公司的仿真环境，对大学生进行企业运营管理全过程的技能训练。在该平台上，由指导教师指导，大学生建立创新创业团队，创办模拟公司，进行经营管理，从而获得学习、锻炼、施展才华的机会。

清华大学、上海交通大学等高校在校园内设立了创业园，可以免费或者以优惠价格为大学生提供开展创新创业活动的场地。但是，大学生须提供一份具有说服力的创新创业策划书，才能获得进驻创业园的机会。有了这个平台，大学生所需的创新创业启动资金大大减少。

2. 校园“全真＋实战”创业平台

校园全真创业平台依托校园环境，为大学生创新创业提供全真的实践平台，让大学生能获得不同于创业园的更具风险的创新创业实践机会。该平台面向在校大学生招租生活区店铺，这种带租金（一般为正常租金的30%左右）、有风险的创新创业形式更能让大学生得到锻炼机会。这种创业形式深受热爱创新创业的大学生喜欢，其原因有两点：一是可以降低资金风险，生活园区的租金比外面要低廉很多；二是可以降低市场风险，生活区目标群体十分明确，客源集中，市场风险小。

（三）创新创业能力融合：创建“校内＋校外”创业实践基地

高校要高度重视大学生实践能力锻炼，广泛建立各类大学生创新创业教育实践基地，构建大学生创新创业教育新平台。一方面，高校要致力于校内创新创业实战基地的建设。例如，采取“企业＋专业＋客户”的方式，创办供大学生创新创业的经营实体；为大学生开放高校的科研实验室，帮助大学生了解高精尖设备及学科前沿，同时吸纳有浓厚创新创业兴趣的优秀大学生，借助教师或高校的专利产品进行合作创业；利用校内资源和大学生的优势，将顾客群体由大学生发展到社会人士。在实体创业中，大学生可以体会到创新创业教育与专业教育“两教融合”的重要性，体会理论与实践并重的迫切性。除专业教学计划内的实践环节，高校还可以借助大学生创新创业教育的创新性、创造性、艰苦性来完善专业教育计划外的定向实践。如举办营销大赛、创新创业大赛、社会调查、短期打工等活动。另一方面，高校科技孵化园的设立是对在校内设立创业实践基地最好的诠释。科技孵化园分为三大类创业实践基地，包括见习、实习和孵化基地。根据专业的不同，高校可以设立不同的实践岗位。江南大学的“园区助推”模式就是充分利用科技园的优势，来带动大学生创新创业。此外，可以采用校企联合的模式，建立校外创业实践基地。一方面，高校可以充分利用各类社会资源，大力建设校外大学生创业实践基地，多层面拓展大学生的商业创业实习活动。另一方面，高校可以通过与经济开发区合作，打破大学生选择单一企业进行实践的机会，扩展大学生学习和实践的广度。

（四）机制融合：打破传统管理机制，促进协同融合

高校应打破管理职能界限，打通各部门之间的壁垒，建立专门的大学生创新创业教育管理部门。当前部分高校的大学生创新创业教育职能多数划归在创新创业学院、教务科研处、学生工作处等部门，缺乏专门的管理机构，而且存在部门之间的交流不足，导致大学生创新创业教育在信息交流、事务管理等方面存在困难。这就要求高校必须建立专门的大学生创新创业教育管理部门，加强与各管理部门之间的沟通与交流。同时，要建立科学合理的考核评价机制。一是对大学生的发展评价。将大学生的创新创业素养纳入综合素质评价之内，在过程、结果考核中加大创新创业素养的占比，重点评价在大学生创新创业教育活动中融合所学专业知识的深度和广度，引导大学生进行项目化、研究性、创新性的学习，积极参与课题等项目的研究，并将其成果纳入激励政策范围。二是改革教师的评价。高校可在专业课教师开展教学自评的基础上，鼓励并支持教师开展创新创业实践，进行大学生创新创业教育与专业教育教学改革，并将其成果纳入年度考核、职称晋升的考核体系。考核指标应重点偏向对大学生创新创业素养与意识的培育、教学方法创新、教学改革成效等方面。

第三节　研学旅行与大学生创新创业教育的融合发展路径

在素质教育全面推进与创新驱动发展战略深入实施的当下，研学旅行与大学生创新创业教育正成为教育领域的两大重要课题。研学旅行突破了传统课堂的局限，让大学生在广阔的社会天地与自然环境中探索求知、积累经验；而大学生创新创业教育则致力于培育大学生的创新创业思维与创新创业技能，使其能够在未来的竞争中脱颖而出。研学旅行与大学生创新创业教育相互交融，将

为大学生开辟出一条独具特色的成长发展之路，有力促进其综合素质的提升与未来职业发展的多元拓展。

一、研学旅行的概念

研学即研究性学习，国际上统称“探究式学习”。研学旅行是研究性学习和旅行体验相结合的校外教育活动，是学校教育和校外教育衔接的创新形式。①

与一般的旅游活动不同，研学旅行是一种“旅游＋学习”的模式。研学旅行是由高校根据区域特色、大学生的年龄特点和各学科教学内容的需要，组织大学生通过集体旅行、集中食宿的方式走出校园，拓宽视野、丰富知识，加深与自然和文化的亲近感，增强对集体生活方式和社会公共道德的体验，增强大学生的创新创业精神。

教育意义是研学旅行的本质特征。研学旅行是社会教育的重要组成部分，具有德育、智育、体育、美育和环境教育等功能。研学旅行作为个体的学习情境，具有愉悦性、演变性和社会导向等特征。

二、研学旅行与大学生创新创业教育融合的重要性

（一）提升大学生的综合素质

1. 创新创业思维培养

研学旅行让大学生走出传统课堂，置身于丰富多样的自然和社会环境中。环境的变化能激发大学生的好奇心和观察力，使其接触到各种各样的问题和现象。例如，在参观科技创新企业的研学旅行中，大学生可以看到最新的技术应用和创新产品，从而拓宽思维边界。当研学旅行与大学生创新创业教育相互融合时，大学生能够从中挖掘出潜在的商业机会，锻炼创新创业思维。他们会思考如何改进现有产品或服务，或者开发全新的产品或服务来满足市场需求。

2. 实践能力锻炼

大学生在课堂上学习了很多创新创业理论知识，但缺乏实际操作经验。研

① 潘淑兰，王晓倩.研学旅行概论[M].武汉：华中科技大学出版社，2022：18.

学旅行提供了真实的实践场景，如在乡村研学旅行中，大学生可以参与当地旅游项目的运营，比如旅游线路规划、农产品销售、民宿管理等实际事务。通过这些实践活动，大学生能够将所学的市场营销、项目管理、财务管理等理论知识应用到实际情境中，有效提高自身的实践动手能力和解决实际问题的能力。

3. 跨学科知识融合

研学旅行通常涉及多个领域的知识，如历史、地理、文化、科技等。创新创业也需要综合运用多种学科知识来构建商业模型和解决复杂问题。在融合过程中，大学生可以更好地整合不同学科的知识。例如，在一个以生态文化为主题的研学旅行中，大学生需要运用生物学知识理解生态系统，运用文化学知识挖掘当地生态文化内涵，运用经济学知识思考生态产品的开发与营销。这种跨学科知识的融合有助于提高大学生的综合素养，使其能够以更全面的视角看待创新创业问题。

（二）增强大学生创新创业教育的实效性

1. 真实情境教学

传统的大学生创新创业教育在一定程度上依赖虚拟案例和模拟项目，因此大学生很难真正感受到市场的复杂性和多变性。当研学旅行与大学生创新创业教育融合后，大学生能够在真实的社会和经济环境中学习。例如，在参观工业园区的研学旅行中，大学生可以直接与企业负责人交流，了解企业在市场竞争中的生存策略、技术创新的动力和面临的实际困难。这种真实情境教学能够让大学生更深刻地理解创新创业的实际过程，提高他们对创新创业知识的吸收和运用能力。

2. 资源整合利用

研学旅行本身汇聚了丰富的社会资源，包括旅游资源、文化资源、企业资源等。当与大学生创新创业教育融合时，这些资源可以充分支持大学生的创新创业实践。例如，旅游景区可以成为大学生创新创业的实践基地，文化遗产可以为创意产品的开发提供灵感，企业可以为大学生提供创新创业导师和项目合作机会。通过整合这些资源，大学生创新创业教育能够摆脱单纯的理论教学模式，为大学生提供更多的实践机会和资源支持，增强大学生创新创业教育的实效性。[①]

3. 个性化教育体验

每个大学生在研学旅行中的兴趣点和关注点不同，这为开展个性化的大学生创新创业教育提供了契机。在研学旅行与大学生创新创业教育融合过程中，教师可以根据大学生的兴趣和特长，引导他们在研学旅行中发现适合自己的创新创业方向。例如，对历史文化感兴趣的大学生可以在历史古迹研学旅行中探索文化创意产品开发或历史文化旅游项目的创新运营；对科技感兴趣的大学生可以在科技园区研学旅行中寻找科技成果转化和新兴科技创业的机会。这种个性化的教育体验能够更好地激发大学生的创新创业潜力。

（三）推动研学旅行行业创新发展

1. 产品创新升级

大学生具有丰富的想象力和创新精神，他们的参与可以为研学旅行行业带来新的产品创意和服务模式。例如，大学生可以结合当下流行的虚拟现实技术和教育游戏化理念，开发新型的研学旅行体验产品，如虚拟历史场景重现、沉浸式自然科学探索游戏等。这些创新产品能够丰富研学旅行的产品体系，满足不同客户群体的需求，提升研学旅行行业的市场竞争力。

2. 人才培养与行业需求对接

研学旅行与大学生创新创业教育相融合能够培养出一批既了解研学旅行行业又具备创新创业能力的专业人才。这些人才能够更好地适应行业的发展需求，为研学旅行行业带来新的理念和活力。

3. 行业理念更新

大学生创新创业教育强调创新创业思维和创新创业精神，这种理念在与研学旅行融合的过程中会逐渐渗透研学旅行行业。研学旅行从业者在与大学生的交流和合作中，也会受到启发，更新自己的经营理念和服务意识。

---

① 伍海琳，张曼，刘思萌，等.研学旅行创新创业教育理论与实践[M].成都：四川大学出版社，2021：115.

（四）促进社会经济发展

1. 培养创新创业人才助力经济转型

在知识经济时代，创新创业人才是推动经济转型升级的关键力量。研学旅行与大学生创新创业教育的融合，有利于培养出具有创新创业思维和实践能力的大学生。他们在毕业后能够投身各个行业，将创新创业理念转化为实际的生产力。例如，大学生可能会在新兴科技领域开展创新创业活动，推动技术创新和产业升级；或者在传统行业中引入新的商业模式，提高行业的经济效益和竞争力，从而为社会经济的持续健康发展提供人才支持。

2. 激发创新创业活力并带动就业增长

研学旅行与大学生创新创业教育融合后的教育模式能够激发大学生的创新创业热情，鼓励他们创新创业。新企业的诞生不仅可以创造更多的就业机会，而且能带动相关产业的发展。例如，大学生在研学旅行过程中发现乡村旅游的商机，在毕业后创办乡村旅游企业，不仅可以为当地居民提供就业岗位，而且能带动农产品加工、手工艺品制作、交通物流等相关产业的发展，促进农村经济的繁荣，对缓解就业压力和促进社会稳定具有积极意义。

3. 文化传承与经济价值挖掘

研学旅行往往涉及对地方文化的挖掘和传播。当其与大学生创新创业教育融合时，大学生可以通过创新的方式将文化资源转化为具有经济价值的产品和服务。例如，大学生可以开发以地方传统文化为主题的研学旅行线路和文创产品，在传承文化的同时，为地方经济发展注入新的活力，实现文化与经济的良性互动。

三、研学旅行与大学生创新创业教育融合发展的路径选择

（一）构建课程融合体系

首先，在各专业课程教学中融入研学旅行实践要求。以生物学专业为例，在“植物学”课程中安排大学生到自然保护区或植物园进行研学旅行，要求大

学生在旅行过程中观察特定植物群落的生态特征，研究珍稀植物的保护现状与面临的问题，并基于这些观察和研究提出创新的植物保护方案或开发与植物相关的研学产品，如设计植物科普研学手册、策划以植物为主题的亲子研学活动等，将专业知识的学习与创新创业实践紧密结合起来。

其次，建立专业课程研学实践评价机制，对大学生在研学旅行中的表现进行全面评估，包括专业知识的应用能力、创新创业思维的展现、团队协作水平以及实践成果的质量等方面，将评价结果纳入课程总成绩，激励大学生积极在研学旅行中深入探索创新创业机会。

（二）建立研学旅行创新创业实践基地

首先，与旅游景区、文化场馆、乡村振兴示范地等合作建立实践基地。例如，与历史文化名城的博物馆合作，打造文化遗产研学旅行创新创业实践基地。基地一方面为大学生提供实地学习文化遗产保护知识、研究文化传播方式的场所，另一方面为大学生提供创新创业实践机会，如协助博物馆开发文创产品、设计旅行线路并运营相关项目。通过实际参与基地的运营管理，大学生能够积累丰富的创新创业经验，提升实践能力。

其次，实践基地要配备完善的设施与资源，包括办公场地、展示区域、实验设备以及专业的指导人员，同时建立基地与高校之间的资源共享机制，由高校为基地提供智力支持和人才储备，由基地为大学生提供实践项目和实习岗位，形成互利共赢的合作模式。

（三）加强师资队伍建设

1. 培养创新创业双师型教师

首先，选派教师参加与研学旅行和创新创业相关的培训课程、研讨会和学术交流活动，提升教师的专业素养和实践能力。例如，组织教师参加由行业协会举办的“研学旅行导师培训”，学习研学旅行的政策法规、课程设计、组织实施等方面的知识与技能；参加“创新创业教育师资特训营”，使教师掌握创新创业的教学方法、项目指导技巧以及与企业合作的模式等内容。

其次，鼓励教师深入企业挂职锻炼，参与企业的实际运营管理和项目开发。教师在挂职期间，能够了解行业的最新动态和市场需求，积累丰富的实践经验，并将这些经验融入今后的教学过程，为大学生提供更加真实、生动的教学内容，提高教学质量。

2. 组建多元化的导师团队

首先，邀请企业的高管、行业专家等担任校外导师，与高校教师共同组成导师团队。校外导师能够从行业实践角度为大学生提供创新创业指导，分享企业运营管理经验、市场开拓技巧以及行业发展趋势等方面的知识与信息。

其次，建立导师团队的协作机制，定期组织导师交流活动，共同研讨大学生的培养方案、项目指导策略以及课程建设等问题。同时，明确导师的职责与分工，确保每位导师能够充分发挥自身优势，为大学生提供个性化的指导服务，助力大学生在研学旅行中成长与发展。

参考文献

[1]张云华.创新创业基础[M].上海：上海交通大学出版社，2019.

[2]王克.高校创新创业探究[M].北京：北京时代华文书局，2021.

[3]张翌，程国秀，陈明月.新时代大学生创新创业教育工作研究[M].北京：现代出版社、中国出版集团，2022.

[4]刘海滨，孙洁珺.创新创业教育实证研究[M].长春：吉林人民出版社，2016.

[5]潘浩.高校创新创业教育研究[M].天津：天津科学技术出版社，2023.

[6]刘文凤，李威.大学生开展创新创业教育的必要性分析[J].产业创新研究，2024（14）：172-174.

[7]吴娟，夏懿娜.高校创新创业与劳动教育[M].上海：上海交通大学出版社，2022.

[8]张理剑.构建教育体系[M].延吉：延边大学出版社，2020.

[9]刘鲲，于晓丹，沈瑞雪.高职院校创新创业教育探索[M].北京：旅游教育出版社，2022.

[10]黎博，曾依依，唐星星.大学生创新创业教育模式新模式研究[M].北京：中国原子能出版社，2023.

[11]郭志辉.大学生创新创业教育研究[M].成都：电子科技大学出版社，2016.

[12]林壬璇，凌蕴昭."互联网＋"背景下大学生创新创业问题及对策研究[M].北京：中国书籍出版社，2024.

[13]冯毅.基于"互联网＋"的大学生创新创业教育策略[J].创新创业理论研究与实践，2022（22）：87-89.

[14]田合超.高校大学生创新创业教育探究[M].北京：中国纺织出版社，2023.

[15]陈璐平.浅谈高职院校大学生创新创业激励机制的构建[J].广东蚕业，2018，52（12）：

34，36.

[16]谭玉，李明雪，吴晓旺.大学生创新创业政策的变迁和支持研究——基于59篇大学生创新创业政策文本的分析[J].现代教育技术，2019，29（5）：112-118.

[17]车琨.“互联网＋”助推高校大学生创新创业教育迈上新台阶[M].沈阳：辽宁大学出版社，2023.

[18]郭美斌，文丽萍.大学生创新创业理论与实训教程[M].长春：吉林大学出版社，2015.

[19]邱莹莹，何小雨.应用型高校创新创业教育保障体系构建研究[J].黑河学刊，2021（2）：83-85.

[20]徐文婷.高校创新创业教育保障机制的内涵及其构建意义[J].教师教育学报，2017，4（2）：83-88.

[21]牛慧.高校创新创业教育保障体系构建研究[J].内蒙古电大学刊，2020（4）：71-74.

[22]张波，张政，赵振兴.共生型创新创业教育体系——创新创业教育新途径[J].科学咨询，2024（17）：198-201.

[23]刘莎.供给侧改革视阈下大学生创新创业教育课程体系构建[J].科学大众（科技创新），2018（8）：65-66.

[24]张玉波，陶勇，汪力君，等.行业特色本科院校大学生创新创业教育课程体系的改革与实践[J].安徽职业技术学院学报，2018，17（3）：1-4.

[25]赵建军，曾小剑，刘沐鑫，等.大学生创新创业教育教学体系的改革与构建[J].辽宁科技学院学报，2023，25（1）：42-44，94.

[26]尹者金.地方高校创新创业教育教学体系的构建[J].盐城工学院学报（社会科学版），2022，35（6）：91-94.

[27]李喆.地方高校创新创业教育研究[M].济南：山东人民出版社，2020.

[28]谢盛嘉.基于产教融合的职业院校创新创业教育体系构建探讨[J].职业，2024（14）：66-69.

[29]吴昊荣，李晓晓，杨颖，等.工科大学生创新创业能力评价体系设计[J].科技创业月刊，2023，36（5）：164-168.

[30]龚军，钟艾圻，阿不都海力力·肉孜.以高质量就业为导向的高校大学生创新创业教育评价指标体系构建[J].中文科技期刊数据库（全文版）教育科学，2024（3）：116-120.

[31]张伟，王海燕，陈晓朝，等.大学生创新创业能力评价体系构建与培养路径优化研究[J].职业技术，2024，23（10）：8-15.

[32]刘汉源.以实践导向的大学生创新创业教育体系建设研究[J].中国科技期刊数据库科研，2024（11）：117-121.

[33]丁琰.地方应用型高校创新创业教育与实践研究[M].延吉：延边大学出版社，2018.
[34]陶智祥，章少重，伍炜勤，等.“互联网＋”背景下高校大学生创新创业育人实践研究[J].中国科技经济新闻数据库教育，2023（7）：24-26.
[35]冉春秋，黄永东，崔玉波.协同创新创业教育体系的构建和实践个案研究[J].北方民族大学学报（哲学社会科学版），2019（5）：165-170.
[36]黄海宁，陈喜华.协同育人机制下创新创业教育：现状、成因与举措[J].湖北经济学院学报（人文社会科学版），2019，16（11）：126-128.
[37]张建.高校大学生创新创业平台建设研究[J].管理观察，2018（35）：153-154.
[38]马仁秒.高校实践育人创新创业载体与平台建设研究[J].辽宁科技学院学报，2017，19（4）：24-26.
[39]吴乐乐.专创融合视角下大学生创新创业训练计划项目质量保障体系构建与实践[J].中国科技期刊数据库科研，2023（11）：131-134.
[40]彭朝晖，张俊青，杨筱玲.职业教育适应性提升职业院校专业建设特色化研究[M].北京：北京理工大学出版社，2021.
[41]林章，刘兵，张智靓.四层递进四轮驱动创新创业教育课程体系研究[J].江苏科技信息，2024，41（15）：53-56.
[42]罗仲耿，潘克业.高职院校创新创业教育教学方法及考核方式探究[J].进展，2020（19）：88-89.
[43]黄华波，张旗，李亮.导师制下“三位一体”创新创业教育体系构建[J].科技创业月刊，2023，36（1）：160-163.
[44]孙勇强.导师制下大学生创新创业教育改革[J].河南广播电视大学学报，2023，36（3）：99-103.
[45]欧贞香.创新创业创造教育视角下大学生社团管理研究[J].科教导刊，2024（20）：147-149.
[46]要薇.基于专创融合的高校大学生创新创业社团生态构建研究——以保定学院为例[J].中国科技经济新闻数据库教育，2024（4）：109-112.
[47]李克伟，邹羽.项目引领下大学生创新创业教育的实施路径[J].时代人物，2024（26）：125-127.
[48]李刚，刘树伟，石晶，等. 项目驱动下的大学生创新创业教育探索与实践[J]. 辽宁工业大学学报（社会科学版），2017，19（6）：94-96.
[49]朱武威，梁佳，夏晓华.高校大学生创新创业训练计划项目与科研项目结合的探索与实践[J].创新创业理论研究与实践，2023，6（14）：184-186，198.
[50]黄亚鑫.科技创新创业竞赛情境下我国工科大学生创业意图的影响因素研究[D].上海：上

海交通大学，2021.
[51]廖雷，孙小慧，覃迎喜，等.高校科技成果转化推动大学生创新创业教育改革路径探索[J].中文科技期刊数据库（全文版）教育科学，2023（7）：19-22.
[52]郭星锋，龚芳，田斌.基于学科竞赛的高校创新创业人才培养模式研究[J].产业创新研究，2024（11）：187-189.
[53]李慧.校企合作视域下创新创业教育改革探索与实践[J].中文科技期刊数据库（文摘版）教育，2024（3）：37-40.
[54]吴朝辉.校企合作人才培养模式下的高校就业创业教育现状与对策[J].中国就业，2024（5）：99-101.
[55]崔晓辉，喻海良.高校创新创业教育与专业教育融合发展路径[J].教育教学论坛，2024（5）：17-20.
[56]周楠，蒋欣灿.高等学校创新创业教育与专业教育融合的现状及策略分析[J].学周刊，2024（10）：1-4.
[57]潘淑兰，王晓倩.研学旅行概论[M].武汉：华中科技大学出版社，2022.
[58]伍海琳，张曼，刘思萌，等.研学旅行创新创业教育理论与实践[M].成都：四川大学出版社，2021.
[59]黄亚宇，李庆.互联网＋研学旅行：高职创业教育教学创新与实践[J].科技经济市场，2017（7）：169-171.

后记

在完成这本书稿时，笔者的思绪不禁回到开启大学生创新创业教育研究之旅的起点。当时，在意识到这一课题对社会发展和大学生成长的重要性后，笔者便觉得自己有责任、有决心深入探究。在研究过程中，笔者参与了众多学术会议与研讨活动。在这些交流活动中，笔者与教育界的专家学者共同探讨了大学生创新创业教育的理论与实践。他们有的分享了国外先进的教育模式，有的阐述了本土实践中的宝贵经验。这些多元的视角和深入的见解进一步拓宽了研究的视野，让笔者能够站在更高的角度全面审视这一课题，从而不断完善研究思路与方法。

深入高校进行实地调研是研究的重要环节，因此笔者与高校的师生进行了广泛而深入的交流。教师讲述了在创新创业课程设计与教学过程中的思考与尝试，学生则畅谈了他们对创新创业的憧憬、在创新创业实践中的得失。这些第一手的资料和真实的故事，为构建贴合实际的大学生创新创业教育路径提供了有力支撑，也让笔者深刻地体会到大学生创新创业教育在不同校园环境中的实施现状与发展方向。

在撰写本书期间，面对理论梳理、案例分析、数据整合等诸多任务，笔者虽感压力巨大，但仍然严谨细致地对待每一个章节、每一个观点，通过不断查阅文献、反复论证观点，努力确保内容的准确与科学。

在此，笔者要向所有给予笔者帮助的人表达诚挚的谢意。感谢那些在学术研讨中分享智慧的专家学者，他们的观点启发了笔者的思考，推动了本书的进展；感谢高校师生积极配合调研，为本书提供了丰富的素材；感谢家人在本书的写作过程中给予理解与支持，使笔者能够全身心投入这项工作中。

大学生创新创业教育仍在不断发展演进，本书只是对当下研究成果的初步总结。笔者期望本书能为教育领域的相关人士提供有价值的参考，助力大学生创新创业教育持续优化，为培养更多具有创新创业精神和创新创业能力的人才贡献力量。